本书出版得到武汉大学两型社会研究院、武汉大学经济与管理学院理论经济学"双一流"学科建设、武汉大学人口·资源·环境经济研究中心、教育部人文社会科学规划基金项目"创新集群中组织间初次知识合作共享的信任研究"（项目号：15YJA630041）经费资助

湖北省经济结构调整中的劳动力因素影响研究

魏珊　魏佳妮　张晓晴　等　著

武汉大学出版社

图书在版编目(CIP)数据

湖北省经济结构调整中的劳动力因素影响研究/魏珊等著. —武汉：武汉大学出版社,2020.12
ISBN 978-7-307-21739-3

Ⅰ.湖⋯　Ⅱ.魏⋯　Ⅲ.区域经济—经济结构调整—关系—人力资本—研究—湖北　Ⅳ.F249.276.3

中国版本图书馆 CIP 数据核字(2020)第 156274 号

责任编辑:唐　伟　　责任校对:李孟潇　　版式设计:韩闻锦

出版发行：武汉大学出版社　(430072　武昌　珞珈山)
（电子邮箱：cbs22@whu.edu.cn　网址：www.wdp.com.cn）
印刷：广东虎彩云印刷有限公司
开本：720×1000　1/16　　印张：13.5　　字数：192 千字　　插页：1
版次：2020 年 12 月第 1 版　　2020 年 12 月第 1 次印刷
ISBN 978-7-307-21739-3　　定价：38.00 元

版权所有，不得翻印；凡购我社的图书，如有质量问题，请与当地图书销售部门联系调换。

前　言

进入 21 世纪以来，伴随着中国国内的产业结构转型和升级，湖北省的产业结构也处在深刻的调整进程之中。2010 年湖北省三次产业结构为 13.4∶48.7∶37.9，到了 2018 年湖北省的三次产业结构为 9.0∶43.4∶47.6。9 年时间里面，第一产业的比重从 13.4% 下降到了 9%，降低了 2 个百分点；第二产业从 48.7% 下降到了 43.4，下降了 5.3 个百分点，第三产业的比重从 37.9% 上升到了 47.9%，上升了 10 个百分点。① 湖北省的产业结构中第一、二产业比重下降，第三产业上升的趋势是非常清晰的，这些数据变化反映的是湖北省产业结构调整的实实在在的变化。

伴随着湖北省产业结构的变化，湖北省的劳动力就业结构也发生着相应的变化。2010 年湖北省第一产业从业劳动力为 1691.10 万人，第二产业从业劳动力为 754.70 万人，第三产业从业劳动力为 1199.20 万人，到 2017 年湖北省第一产业从业劳动力为 1278 人，第二产业从业劳动力为 839.00 万人，第三产业从业劳动力为 1493.00 万人。8 年时间，第一产业的就业人口下降了 413.1 万人，第二产业增加了 84.3 万人，第三产业增加了 293.8 万人。

这种产业结构变动推动劳动力变动的状态，使得劳动力及其各个子构成系统都必须与时代的发展相适应，进行与趋势相一致的调整，才可以保证生产关系能够符合生产力变化的要求，推动社会经济可持

---

① 数据来源：2018 年湖北省国民经济和社会发展统计公报、2011 年湖北省国民经济和社会发展统计公报。

续的发展。

要实现主动对劳动力及其子系统的调控的功能，必不可少的一个要求就是了解劳动力及其子系统和经济产业发展中相互促进和耦合的关系，找到劳动力影响经济增长的机制，从而有目的地调整劳动力及其子系统中不符合经济增长的消极因素，由此而满足经济更快发展的要求。

基于这个目的，本书以湖北省劳动力状态影响因素为研究主题，对劳动力结构中的一些主要子系统进行了定量计量研究，例如，湖北省农村劳动力的状态、湖北省劳动力的质量状态、湖北省老年人口状态、湖北省大学生就业状态、湖北省现代服务业劳动力状态、湖北省现代制造业劳动力状态、湖北省劳动力结构状态等劳动力子系统中的影响因素进行了研究，并基于研究的结论提出了相应的政策建议和对策，以为政策制定者在制定政策时提供一定的参考。

作为中国中部人口大省的湖北省，2018年年末的总人口数为常住人口5917万人，其中，城镇3567.95万人，乡村2349.05万人。这样庞大的人口要实现就业无疑是一个挑战，但是这样庞大的人口也是实现经济增长的重要资源，对劳动力内部主要构成部分的详细分析有利于挖掘劳动力就业增长的潜力，进而实现社会经济可持续发展的目标，服务经济增长。

本研究的更大的价值在于实践指导价值。本研究的所有数据都来源于湖北省的统计局，由此得出的结论也将立足于湖北省的省情。这些计量分析的结论是客观和中肯的，提出的政策建议都来源于计量分析的结果。以计量分析的结果来挖掘劳动力内部各个子结构的潜力，为促进劳动力就业，并实现湖北省经济结构调整和升级转型提供我们的智力思考。

本书各个章节的撰写者来源于武汉大学经济管理学院人口、资源、环境经济研究中心、武汉大学两型研究院、武汉大学经济研究所、武汉科技大学环境学院、澳门城市大学国际旅游与管理学院。各个章节的具体写作人员分工为：湖北省农村劳动力生产效率的因素影响研究（姚心萍）；湖北省经济增长中劳动力质量因素影响研究（赵诗羽、魏珊）；

湖北省老年人口就业的因素影响研究（杜晓桐、魏佳妮）；湖北省农村劳动力供给的因素影响研究（宋晓阳、魏珊）；湖北省大学生就业的因素影响研究（金帆、张晓晴）；湖北省现代服务业就业因素影响分析（何心宸、张晓晴）；湖北省现代制造业就业因素影响研究（邵麒华、魏佳妮）；湖北省经济增长中的劳动力结构因素研究（廖慧玲、张晓晴）。

  对于湖北省经济结构调整中的劳动力结构调整问题，本书所做的研究只能是一个抛砖引玉的过程，错误和缺点在所难免，希望获得各位专家和学者的批评与指正。

魏　珊

2019 年立夏于武汉大学枫园

目　录

第一章　湖北省农村劳动力生产效率的因素影响研究…………… 1

第二章　湖北省经济增长中劳动力质量的因素影响研究 ………… 37

第三章　湖北省老年人口就业的因素影响研究 …………………… 72

第四章　湖北省农村劳动力供给的因素影响研究 ………………… 89

第五章　湖北省大学生就业的因素影响研究……………………… 126

第六章　湖北省现代服务业就业因素影响分析…………………… 149

第七章　湖北省现代制造业就业因素影响研究…………………… 168

第八章　湖北省经济增长中的劳动力结构因素研究……………… 180

第一章 湖北省农村劳动力生产效率的因素影响研究

一、问题的提出

自1978年改革开放至今，随着中国农业剩余劳动力不断向城镇转移，中国农业就业人口呈现净减少状态已经达到了40多年。各种调查数据都显示，农业剩余人口转移到城镇中去的人口类型大多是男性人口和青壮年人口，这引发了在农村领域，剩下的人口主要是老年人口和女性人口，农村剩余女性人口逐渐成为了农业生产的主要劳动力。根据2006年第二次全国农业普查，中国农村女性农业从业人员总数为18205.1万人，占总农业从业人员的53.16%，超过了男性在农业从业人员中的占比。

与此同时，随着1980年开始的中国计划生育政策的实施，中国的人口结构不仅仅是在城镇，也包括在农村，都从过去的"高出生、高死亡、高增长"转变为了"低出生、低死亡、低增长"的状态，这种状态的结果就是中国人口结构中出现了严重老龄化的倾向。根据2000年第五次人口普查的结果，我们发现城市和农村60岁以上老人的比例分别为9.68%和10.91%，而2010年第六次人口普查则分别上升为11.68%和14.98%，农村老年人口比例提高了4.07个百分点，高出城市3.3个百分点。

农村人口女性化和老年化的状态，在当前中国经济发展时期，这个进程并没有结束，根据李克强总理2014年的政府工作报告，在未来相当长的时间内,中国政府还必须完成"三个一亿人"的工作目标,即:促进约1亿农业转移人口落户城镇,改造约1亿人居住的城镇棚户区和城中村,引导约1亿人在中西部地区就近城镇化。未来这些目标实现的话,农村地区的人口结构会持续变化。

农村农业就业人口减少,农村人口老龄化,引发的直接问题是,如何保障农业产业的生产和经营活动中的劳动力投入?没有劳动力投入,如何保障农业生产领域的产出?事实上,自进入21世纪以来,中国已经开始从粮食净出口国变成了粮食净进口国,粮食的安全问题开始变成一个突出的问题。中经网的统计数据显示,中国进口的粮食越来越多,尤其是大豆和谷物及谷粉,对国际市场的依赖是非常大的。中国高度依赖进口大豆,是全球大豆的最大进口国,几乎购买了全球市场上60%的大豆。2007年到2017年十年间,中国的大豆进口量翻了3倍。

解决粮食安全问题依赖国际市场是不现实的。越依赖国际市场,中国的粮食安全问题就越得不到保证。在中国现有的农业生产条件下,要解决粮食安全问题有两条途径:一是在现有的技术水平下扩大耕地面积,从而提高产量,依靠外延式扩大面积的方式来提高产能;二是在现在耕地资源水平下提高效率,从而增加粮食产量,也就是通过内涵式发展的方式来提高农业的产出。

在中国国情下,第一种通过外延式扩大种植面积的方式来提高农业的产能显而易见不太现实。原因在于:(1)中国的人地矛盾突出,随着城镇化的不断进行,建设用地在不断地占用农业用地,导致大量农业用地被用于城镇发展和建设,建设用地和农业用地之间的土地矛盾相当严重。(2)中国本身的可耕作土地非常有限,中国利用占世界7%的耕地养活了占世界人口22%的人口,本身就是土地耕种面积最大化的结果,继续扩大土地种植面积不是一个很现实的问题。(3)农业产出的效率问题,导致大量农业人口愿意在非农领域打工而不愿意在农村务农。没有劳动力的投入,想提高新开辟土地的总量可能性不大。(4)即使中国能够进一步扩大农业的种植面积,但是在当前城镇化和非农化成为主要趋势的情况下,劳动力投入的减少导致无法实现农业总体种植面积的增加，事实上，在中国，当前有很多地方出现了农田被抛荒的现象，都是农业劳动力投入不够引发的，所以，希望通过进一步增加农业种植面积来增加农业产出不是太现实的。

要解决中国的粮食安全问题，实现农业生产领域的粮食产量的最大化，只能是在现有的农业种植条件之下，依靠技术投入，从而提高农业的产出效率，即提高劳动力的产出效率，进而提高农业的产出，解决中国的粮食需求问题。

要探索和研究农村劳动力的生产效率的提高，核心在于研究影响农村劳动力效率的影响因素，只有在了解了影响农业劳动力生产效率的因素的基础上，才能够有的放矢地采取针对性对策和措施，对有关变量进行调控，从而实现农业生产产出提高的目的。由此可见，以"农村劳动力生产效率影响因素"为题对有关问题进行研究是有意义的，表现在：

第一，该领域本身就是理论研究中无法忽视的一个问题。经济研究的目标在于尽量以少的投入获得最大的产出，农业生产领域通过提高劳动生产效率进而获取最大的产出本身就契合了经济学的研究目标和宗旨。农业生产领域劳动者生产效率的提高本身就是经济学涵盖的方面。对该领域的任何研究都将丰富经济学研究的内涵和外延，有利于促进经济学科本身的发展。

第二，在实践领域，该问题是摆在国家面前的一个亟待解决的问题，粮食安全问题如果得不到保障，中国经济长期可以持续发展也就难以保障。中国的工业化必须依赖于中国农业提供各种原材料，中国的经济增长不可能寄托于外部的世界，依赖于外部世界的发展从长久看，是很难得到保障的，只有依靠国内各种资源的合理配置，才可以实现经济的自主长期发展。把希望寄托于外部世界，只能够把自己的发展权力拱手让人，最终让目标和现实之间的距离越来越远。2019年中美两国之间的贸易战，美国对于中兴公司芯片贸易的限制，引发中兴公司出现经营休克的状态，这深深诠释了如果自己不能够有产出和创新，公司发展也好，产业发展也好，国家经济增长也好，都不会有保障。通过挖掘中国农业劳动力的劳动生产效率，进而实现农业领域的稳定、可靠增长才是中国应该走的正确路线。对该领域的政策探讨都将对现实政策制定提供有益的启示。

湖北省作为中国13个粮食主产区之一，是中国粮食安全责任的主要承担者。湖北省内有江汉平原和鄂北岗地两大农业基地，素有"鱼米之乡"的美誉，粮、棉、油、淡水产品等在全国占有重要地位。近年来湖北省的粮食商品率在35%左右，是中国商品粮市场的主要供给者，中国最主要的粮食作物是水稻，其次是小麦和玉米，而这恰好是湖北省三种主要粮食品种，其中水稻品种为该省粮食优势品种及农业支柱产业，其播种面积及总产为全国第四，单产为国内水稻主产省第二。

正是由于湖北省在中国粮食生产中具有重要影响，对粮食安全具有典型的特征，本研究把研究范围限定于湖北省，分析湖北省的农村劳动力效率的影响因素，为湖北省农村劳动力生产效率的提高探索出科学和合理的对策和措施，为政策制定者制定政策提供合理的指南。

二、国内外研究综述

（一）国内外研究综述

对中国知网、万方数据库、维普数据库等数据库关于"劳动力""生产效率"等关键词的检索结果进行研究发现，当前关于劳动力生产效率有关的研究主要聚焦于如下几个方面：

1. 生产效率本身概念内涵和外延的讨论

生产效率问题是经济学领域的热门话题之一。研究者会因为阶段、环境、研究领域的不同，对"效率"的内涵和外延有着不同的理解（陶春海2010）。生产效率本身的概念也在一直不断发展之中。

最早，奎奈（Francois Qnesnay）在农业生产领域使用了效率的概念。由于这个概率如此清晰地反映了投入产出的后果，后来，亚当·斯密（Adam Smith）把生产效率概念扩展到整个社会生产领域，形成了劳动生产率概念。这个概念包含了土地生产率和劳动生产率在内的生产效率，但是它是单要素的生产效率，即反映特定要素投入的投入产出效果。

当今的学者们认为这些单要素指标具有重要意义，但是它们无法全面反映经济增长的全貌。因此，当今经济研究领域认为生产效率是由两个方面构成，即全要素生产率和技术效率。只有通过全要素生产率和技术效率两个层面对效率进行全面把握，才可以把握住生产效率的全貌。

（1）全要素生产率的含义。

全要素生产率（Total Factor Productivity，TFP）是与单要素生产率相对应的概念，包含所有生产要素生产率的测量。

第二次世界大战以前测度经济增长是以劳动生产率（单要素生产率）为指标进行的。随后，随着宏观经济学增长核算框架的研究发展，学者们发现传统的生产要素——资本增长和劳动力增长，并不能完全代表经济增长中的所有贡献，现代要素中的技术进步、生产要素的优化组合、组织制度、文化因素等被遗漏了。为了弥补上述缺陷，现代经济学产生了全要素生产率（TFP）的概念，以此来弥补单要素生产率概念的不足之处，即无法全面衡量整体的生产经营效果（张平等，2003）。在统计和计量上，柯布（C. W. Cobb）和道格拉斯（Paul H. Douglas）提出的生产函数理论为 TFP 的定量研究奠定了基础，后来丁伯根（Timberger）把时间概念引入生产函数中，创造出了同时包含时间、资本、劳动的用来表示产出的生产函数。

索洛（Solow，1957）在道格拉斯、丁伯根的基础上，提出规模报酬不变性质的生产函数增长方程，定量地确定了技术进步、投入和产出各自的增长率，Solow 把扣除要素投入之后的产出贡献称为索洛剩余，索洛剩余本质上属于 TFP 的范畴。丹尼森（Denison，1962）在索洛模型基础上建立了新的丹尼森模型，将投入要素进一步细分化，最终将TFP 定义为在剥离全部生产要素投入增长率之后，所形成的产出增长率"余值"。

在 20 世纪 80 年代，乔根森（Jorgenson）在领域将主要生产要素

(如劳动和资本)分解为数量投入和质量投入两部分,以包含以生产要素投入为载体的新技术的进化与采用,来证明技术进步在改善资本存量投资中的重要性,同时,他提出了著名的超越对数(Tran-log)生产函数,至今仍被广泛运用。

(2)技术效率的含义。

技术效率反映了特定生产决策单元(Decision Making Unit,DMU)的综合生产能力,对其生产潜能开发、成本控制、技术实现的制度环境改良等多方面进行刻画。

国外最早涉及生产效率的研究是库普曼斯(Koopmans)(1951),他从投入和产出两个维度出发,对 DMU 在当前技术水平、不增加投入(或不减少当前产出)的情况之下的状态进行评价,他认为,上述状态之下,该 DMU 生产模式在技术上有效的,反映在生产坐标轴上,就是所有满足该要求会造成技术有效点构成生产前沿面。法瑞尔(M. J. Farrell)(1957)在他的著作《生产效率的测量》一书中,将上述总结为技术效率,并且法瑞尔采用了生产前沿的方法对技术效率进行测算。1966年,莱宾斯坦(Leibenstein)在他的著作《X 效率》一文中,从产出的角度重新界定了技术效率:"在相同的投入要素组合规模与市场价格下,决策单元 DMU 在该技术水平下所能达到的最大产出除实际产出的百分比",即"技术效率=实际产出/最大产出"。莱宾斯坦的这一定义是技术效率在应用研究中使用最多的、被研究者接受最为广泛的概念。技术效率关于投入和产出两个角度的定义,构成了技术效率的全部内涵。

2. 生产效率的实证应用

在全要素生产率和技术效率的概念被提出,并且各种测度方法开始成熟起来之后,国内外的经济学研究者开始运用这些研究成果对现实中的经济增长进行很多的实证研究工作。

(1)全要素生产效率的实证应用。

在国外研究方面,学者们对现实中的各个产业和行业进行了有关的全要素生产效率的实证分析。包括:①针对世界范围内不同国家中的农业生产进行了一系列全要素生产效率的测算工作。例如，Hayami & Rutta（1970）针对日本的农业生产进行了生产效率测算，研究结果表明技术进步在该国经济增长中扮演了重要角色。Chan & Mountain（1983）以加拿大1952—1977年期间的农业为研究对象进行了全要素生产效率的研究，其结果是，加拿大的农业生产处于规模报酬递增阶段，这是其TFP增长的主要原因。Jorgenson & Gollop（1992）通过对第二次世界大战以后美国的农业经济与非农私人经济的增长，发现TFP增长率是该国农业经济增长达到80%的主要贡献来源。Rosegrant & Evevson（1992）研究认为TFP的增长是印度种植业经济增长重要来源，农产品优良种质和技术推广体系对于提高TFP具有重要意义。②不同国家之间全要素生产效率的对比研究。例如，Fulginiti & Perrin（1998）对世界范围内18个国家进行了1961—1985年农业TFP的历史变迁的研究。Arnade（1998）将这一范围扩大到全球70个国家，并将时间跨度扩展至1961—1993年。这些研究的研究结论基本相似，即大部分国家尤其是发展中国家的TFP都在不同程度的恶化中。造成这个现象的原因，大部分研究认为是教育和科技投入引发的，教育和科技投入的不同引发了世界范围内TFP的差异。③国别内部产业的研究。例如，Huffman & Evenson（1993）对美国国内的42个州进行了时间跨度为1950—1982年的测算，并对农业经济增长因素做出了回归分析，实证结果表明美国财政对于农业方面的公共投资与畜产品的研发这两大因素分别对农业生产TFP起正向推动和负向拉力的作用。Alston, Craig & pardey（1998）同样将42个州作为DMU，对美国进行了1949—1991年的TFP演算，他们认为公共科研投入和技术推广是TFP增长的主要原因。经济学家斯蒂格勒（Stigerler，1947）对美国制造业的全要素生产率进行了测算。次年，巴顿（Barton G. T.）和库伯（M. R. Cooper）针对美国农业生产测算了TFP，其研究结论得到美国农业部的官方认可。

在国内研究方面，有学者从20世纪90年代就开始了对国内TFP的研究。根据学者们使用的数据类型的不同，将研究结果大致分为三个不同的类别：①以多个省份区域作为研究对象的区域研究。例如，黄少安、孙圣民等（2005）对1949—1978年中国内地农业生产效率进行了测算研究，认为在不同的土地产权制度下，激励生产要素投入量不同，引发农业总产出有较大不同，在投入相同的生产要素和政策要素时，农业的产出也有所不同。王志刚、龚六堂等（2006）使用了1978—2003年中国28个省市自治区的数据，并且将其划分为东中西三个地区，运用超越对数生产函数的随机前沿模型，对改革开放以来中国地区间生产效率进行了研究。陈卫平（2006）使用了1990—2003年中国农业投入与产出的分省面板数据，使用了非参数的Malmqusit指数法研究了这期间中国农业全要素增长率情况，发现绝大多数省区的农业技术进步与农业效率损失存在并存的局面。王旭辉、刘勇（2008）使用了DEA的方法测评了中国31个省份的农业生产效率，发现2003—2005年间一些农业大省农业生产效率始终在较低的水平徘徊。郭军华、倪明（2010）运用三阶段DEA方法对中国2008年农业生产效率进行了实证研究，力图找出农业效率提高的现实途径，其基本结论是，城市化水平和乡村人口平均受教育年限的提高是农业效率改善的核心因素。方福前、张艳丽（2010）运用中国29个省市自治区1991—2008年的数据研究了农业全要素生产率增长差异的原因，他们发现财政支农的力度和农业在整体经济中的地位会显著影响农业全要素生产率的变动。善高（2018）运用2001—2012年中国31个省区市的农业生产投入产出数据，根据产出距离函数的随机前沿分析方法，对中国低碳农业生产效率进行了测算，发现各地区的低碳农业生产技术效率均呈现出一定的递增趋势。叶文忠、刘俞希（2018）运用DEA方法研究了长江经济带11个省市2006—2015年的农业生产效率，通过面板数据回归分析发现自然资源禀赋、工业化水平和流通服务业发展对长江经济带农业生产效率的提升有显著的正向影响。②特定省份的TFP的评估研究。例如，许云芳（2018）基于DEA模型对山西省农业资源利用效率进行了研究，发现山西省农业资源利用存在一定程度的资源浪费和扭曲的问题，特别是农业化肥和农业从业人员两项投入存在十分明显的冗余现象，农业资源投入所产生的社会效益过低，存在资源投入、成果转化和居民受益脱节的问题。③

以微观调研数据为基础的农业 TFP 测算研究。例如，李谷成、冯中朝（2010）利用原农业部湖北省 15 个村级固定观察点 1999—2003 年所形成的年度微观面板统计数据，多维度检视了农户效率与农户规模的关系，从家庭禀赋角度对农户效率的影响因素进行实证研究，发现小农户是否相对于大农户具有优势取决于政策目标。

（2）技术效率的实证运用。

在国外研究方面，各国学者针对国际范围内的世界整体或者特定国家的农业、粮食生产能力进行了技术效率分析。例如，Colli & Rao（2003）将全世界范围内 93 个国家设为 DMU，使用在联合国粮农组织获得的 1980—2000 年的平衡面板数据对世界范围内的农业生产技术效率水平做了历史走势的分析，对其未来的走势进行了预测。Battesse & Coelli（1992）把印度国内的 Aurepalle 地区的 38 个农场设立为 DMU 群，然后采用 SFA 方法对该群进行了技术效率分析。Natalia 等（2003）把西班牙全国范围内的农业生产技术效率及其变动与 Milan 及 Aldaz 地区进行了横向对比研究。也有些学者使用微观调研数据对技术效率进行实证分析。例如，Kalirajan（1981）采用实地调查的方法搜集了印度 70 个农户的投入产出信息数据，建立 SFA 生产模型，使用极大似然法对该国粮食（稻谷）技术效率进行了研究。Helmut & Anders（2002）把世界 57 个国家作为 DMU，以 1980 至 1990 年的平衡面板数据进行技术效率的研究，发现发展中国家的经济增长主要依赖于技术效率的改善。James Odeck（2007）采用随机前沿生产函数参数方法和数据包络分析法对挪威 19 个专业化农场进行了稻谷技术效率及生产能力评价，认为技术效率是提高粮食生产能力的主要因素。

在国内研究方面，孟令杰（2000）采用了非参数的 DEA 方法，对 1980 年到 1995 年期间中国农业产出的技术效率进行了测量，发现中国农业技术效率呈现下降态势。亢霞、刘秀梅（2005）使用了 1992—2002 年中国分省的成本和产量数据，选取了几种特定的粮食作物，使用随机前沿生产函数的方法，测算了它们的技术效率和变动趋势，发现扩大土地经营规模对粮食产量增加有积极作用，但是进一步增加肥料、种子和机械投入的增产潜力极为有限。李周、于法稳（2005）以西部 12 省份的县为考察对象，选择了 1990 年、1995 年、2000 年三个时间点的数据运用 DEA 的方法分析了农业生产的效率、包括规模效率，技术效率及全要素生产率的变化，发现对外界依赖少，农业的可持续性就增强，相反，农业的可持续性就下降。张宁、陆文聪（2006）选择了 10 个东部地区、10 个中部地区和 11 个西部地区作为样本，使用随机前沿分析技术实证研究了中国农村劳动力素质对农业技术效率的影响，得出劳动力的智力素质比身体素质更重要的结论。梁流涛、曲福田等（2008）使用数据包络分析法测度了 1997—2004 年中国耕地利用效率，在分析了 31 个省的耕地效率之后发现影响耕地利用效率的因素很多，按照影响程度从大到小排序是：耕地资源禀赋、经济发展水平、自然条件、农业生产条件。李谷正、冯中朝（2010）利用了省级层面的农业行业面板数据和随机前沿生产函数模型，研究了改革开放以来农业内部各行业的全要素生产率增长与行业差异，在把生产率增长分解为技术进步和技术效率变化两部分后，识别出了各行业生产率增长的不同贡献，增进了对于中国农业 TFP 增长规律的认识。匡远凤（2012）使用了 1988—2009 年中国 31 个省级行政区的农业投入和产出数据，运用了随机前沿方法，将农业劳动生产率变化分解为 4 个部分，分析了它们对中国农业经济增长的影响，其基本结论为，技术进步和技术效率变化的共同作用对增长的贡献很大。

（二）国内外研究评述

通过对上述国内外研究的综述，发现当前研究中学者们对于全要素生产率和技术效率在理论和实践上做了很多的探索工作，并且结合具体的数据来源，例如基于数据包络的方法、随机前沿的方法和投入产出的方法等进行了各种实证研究工作，这些研究大大丰富了我们对于全要素生产率和技术效率规律的认识，为随后的研究者开展相关研究工作提出了线索和指引。但是这些研究依然存在着一些缺陷，表现在：

（1）数据的依赖性问题。即使对于全要素生产率和技术效率的概念大家存在共识，在具体的实证研究中，由于采取的数据不同、各个指标选择上的不同、指标在统计范围上的不同、统计指标本身概念的迁移等因素，在进行相关全要素生产率和技术效率的研究中，表面上看起来是同一个含义的指标在不同的研究中，对于全要素生产率和技术效率的贡献出现了千差万别的结论。

（2）当前的研究更多的偏向于宏观和区域的全要素生产率和技术效率的研究，针对典型省级层面的研究成果较少。从当前的文献综述来看，学者们对于国家层面、经济带层面的研究成果相当丰富，但是对于典型省份的研究显得薄弱，从这个层面上看，大家更加关注宏观和区域经济的全要素生产率和技术效率的研究。当然不是说宏观层面的研究不重要，假如能够对特定省份的全要素生产率和技术效率进行研究，可能会形成对宏观研究有力的补充。

（3）研究的维度上，还存在没有涵盖的部分。从当前全要素生产率研究的对象来看，大部分全要素生产率的研究对象都是以农业研究为主。事实上，全要素生产率并不仅仅存在于农业生产领域，在工业经济学领域、劳动经济学领域都是有其应用价值的。也有些学者在研究中选取了几种特定的农作物为研究对象，专门探讨这几种具体的农作物的生产效率。还有些学者从农地流转的视角进行研究，也有些学者从低碳的视角来研究中国农业生产技术效率，从农业生产服务与耕地规模以及收入细碎化等角度来进行研究。这些研究尽管大大丰富了全要素生产率的研究视野，但是还是存在诸多没有覆盖的领域，因此，本研究把农业劳动者的劳动生产效率作为研究对象有益于扩展该研究的研究范围，形成对当前研究的有效补充。

鉴于当前研究中的上述特点，本研究选取了湖北省劳动力生产效率的影响因素为主题对湖北省农业劳动者的生产率和技术效率进行研究，以期在实证的基础上，探讨影响湖北省劳动者生产率的因素，进而有针对性地采取对策和措施，改进湖北省农业的产出效率，促进湖北省农业的更快和健康发展，为湖北省的经济发展献计献策。

三、研究对象选择和数据来源

（一）研究对象的选择

为什么本研究选择研究农业劳动力生产效率而不是研究农业的全要素生产率呢？原因如下：

（1）劳动力生产效率和农业全要素生产率之间在概念上存在差别。农业全要素生产率是一系列投入农业的要素对产出的影响。它包括资本、技术、制度等各种因素作用于产出的综合问题。但是本研究只是想单独考察劳动力在农业生产效率上的影响问题，属于单因素投入的研究，这使得本研究尽管与农业本身的全要素生产率有关联，但是只考虑了劳动者的投入问题，它是一个单因素的要素生产率有关的研究。

（2）分析农业劳动力生产效率本身与本研究的主旨有关，本研究就是准备研究劳动者本身的要素投入效率问题，在技术方法上，相关研究的手段和方法都比较成熟，这些都有利于为本研究提供基础。其他的研究成果为本研究提供了丰富的研究线索和研究经验，有益于本研究的顺利进行。本研究将在其他研究成果的基础上，运用采用数据包络分析法，即 DEA 的方法，来测评农业劳动力生产效率，为理论研究提供一个新的思路。

（3）生产效率本身是一个包容性很大的概念，它有助于评价经济发展历程和现状，在农业劳动力不断向二三产业转移的背景下，对湖北省的农业劳动力生产效率进行测算有利于对湖北省农业劳动力生产效率的现状及其可持续发展能力进行科学的评价，形成全面、正确的湖北省农业劳动力在农业生产中表现的认识观。通过生产效率不仅可以分析增长，还可以分析增长的源泉，有利于本研究开展相关的研究工作。

(二) 研究步骤

在以上分析的基础上，本研究的基本目标定位于：在湖北省农业生产过程中农业劳动力老龄化和女性化背景下，对湖北省农业劳动力生产效率的状态进行评估，挖掘出影响湖北省劳动力生产效率的影响因素，进而采取有针对性的措施，促进湖北省农业更好地发展，促进产出最大化，为保障中国粮食安全服务。

由此研究目的出发，本研究的步骤包括：

（1）首先揭示出湖北省当前农业生产的基本状态。湖北省一共有17个地级市，这些市都存在着农村剩余劳动力向城市流动的背景，但是每个地级市劳动力流动的情况都不同，本章要研究的第一个目标是分析湖北省17个地级市的农业劳动力状况和劳动力从事农业生产的情况。

（2）在了解各个地级市的农业劳动力构成情况的基础上，对各个市的农业劳动力效率进行测算和评估分析，利用投入产出分析方法分析各个地市的农业劳动力生产效率的状态，从而形成对湖北省各个地市的劳动力生产效率状态的全景图。

（3）在对湖北省劳动力生产效率全面认识的基础上，分析影响湖北省劳动力生产效率的因素，并提出相应的政策建议，为具体政策制定者因地制宜地制定适合湖北省劳动力发展，提高湖北省劳动力生产效率的对策和措施提供思想参考。

(三) 数据来源

本章除特别说明部分外，所有数据来源于《湖北农村统计年鉴2017》《湖北统计年鉴2017》和2017年湖北省各地级市统计年鉴。

四、湖北省农业生产的现状

通过对湖北省及其各县市统计年鉴的统计数据进行分析，湖北省当前农业生产的现状如下：

（一）湖北省农业从业人员的状态

2016年湖北省农村人口数总计4076.46万人，其中农村从业人员合计2290.9万人，农业从业人员为863.64万人，占乡村从业人员的37.70%。上述信息揭示了当前农业领域中就业人口数量已经开始大幅度减少。农业已经不再是农村劳动力就业的主要渠道，60%以上的人口都在非农领域就业，农业领域劳动力投入不足，如果不在农业劳动力生产效率上下功夫，将会引发农业生产领域产出的下降。

在各个县市中，从农村劳动力在农业本身沉淀的情况来看，都呈现劳动力在农业领域的低水平就业状态，在黄石，只有27.12%的人口在农业中就业，占比在全省最低。最高的是神农架林区，在农业领域就业人口占农村从业人口的54.74%。但是神农架林区本身就是作为湖北省的生态旅游规划发展区域，该地区对于工业的发展都是受到限制的，一方面非农领域就业的渠道很少，另一方面，神农架林区的人口本身很少，这个数据不具有典型性。总体看，湖北省农村劳动力在农业领域就业的比重在30%~40%之间。详细数据见表1-1。

表1-1　　　　　　　　　　湖北省农村人口统计

地区	乡村人口数（万人）	乡村从业人员合计（万人）	农业从业人员（万人）	农业从业人员占乡村从业人员的比重
湖北省	4076.46	2290.9	863.64	37.70%
武汉市	245.25	136.14	45.86	33.69%
黄石市	170.04	92.02	24.96	27.12%
十堰市	248.01	143.25	53.6	37.42%
宜昌市	275.12	165.8	67.67	40.81%
襄阳市	367.34	217.47	76.11	35.00%
鄂州市	81.06	40.2	17.5	43.53%
荆门市	192.9	109.81	35.75	32.56%

续表

地区	乡村人口数（万人）	乡村从业人员合计（万人）	农业从业人员（万人）	农业从业人员占乡村从业人员的比重
孝感市	412.7	244.49	77.85	31.84%
荆州市	442.45	243.43	99.13	40.72%
黄冈市	598.35	333.01	134.14	40.28%
咸宁市	219.3	113.85	44.32	38.93%
随州市	197.64	106.69	38.98	36.54%
恩施自治州	317.86	181.4	88.12	48.58%
仙桃市	117.04	68.37	28.73	42.02%
潜江市	60.03	33.16	12.54	37.82%
天门市	126.9	59.07	16.88	28.58%
神农架林区	4.47	2.74	1.5	54.74%

（二）湖北省各县市的耕地情况

表 1-2 展示了湖北省各个地级市的年末耕地总资源与常用耕地面积情况。

表 1-2　　　　　　　　湖北省耕地基本情况　　　　　单位：千公顷

地区	年末耕地总资源	常用耕地面积	常用耕地面积/年末耕地总资源
湖北省	3965.87	3444.31	86.85%
武汉市	191.37	190.09	99.33%
黄石市	117.7	90.41	76.81%
十堰市	226.23	177.85	78.61%
宜昌市	319.95	270.85	84.65%
襄阳市	475.02	462.17	97.29%
鄂州市	46.65	40.85	87.57%
荆门市	270.83	268.56	99.16%

续表

地区	年末耕地总资源	常用耕地面积	常用耕地面积/年末耕地总资源
孝感市	305.8	268.51	87.81%
荆州市	657.25	470.34	71.56%
黄冈市	365.74	352.45	96.37%
咸宁市	199.38	169.96	85.24%
随州市	192.55	144.14	74.86%
恩施自治州	314.28	261.05	83.06%
仙桃市	94.98	90.33	95.10%
潜江市	72.64	72.64	100.00%
天门市	110.37	109.81	99.49%
神农架林区	5.13	4.3	83.82%

2016年湖北省年末耕地总资源为3965.87千公顷，常用耕地面积为3444.31千公顷，常用耕地面积占年末耕地总资源的86.85%，可以看出湖北省的耕地使用效率还是比较高的。这带来两个问题，一个是由于湖北省耕地使用已经处于一个相对较高的使用水平之上，因此，湖北省进一步扩展耕地使用面积的潜力已经很少了。另一方面，湖北省耕地资源被充分利用的情况之下，耕地缺乏修整和修养，会对土地的肥力和再生产造成影响，直接后果就是影响下一个年份的产出。

在湖北省的耕地使用上，潜江市的耕地利用率达到了100%，天门、武汉、荆门的耕地利用率也达到了99%以上，一般而言，各个地市的耕地使用率在80%与90%之间。这种耕地被充分使用的状态，是湖北省农业生产发展的隐忧。

（三）农村劳动力外出务工人员数量和收入情况

表1-3展示了2016年湖北省各地级市外出务工的基本情况。

表 1-3　　　　　湖北省外出务工人员数量和收入情况

地区	外出务工人员（万人）	其中男性数量（万人）	男性占比（%）	外出务工收入（万元）	平均收入（元）
湖北省	1112.81	658.21	59.15%	35373360	31787.42
武汉市	69.06	42.66	61.77%	2415546	34977.50
黄石市	49.43	29.7	60.08%	1826977	36960.89
十堰市	74.08	45.51	61.43%	1998664	26979.81
宜昌市	69.21	41.04	59.30%	1855543	26810.33
襄阳市	97.19	56.88	58.52%	2796991	28778.59
鄂州市	14.77	9.28	62.83%	435983	29518.14
荆门市	51.77	31.49	60.83%	1781778	34417.19
孝感市	134.08	84.15	62.76%	4774616	35610.20
荆州市	114.5	62.45	54.54%	3861793	33727.45
黄冈市	162.09	98.69	60.89%	5185804	31993.36
咸宁市	54.43	31.06	57.06%	1581266	29051.37
随州市	50.15	26.89	53.62%	1442970	28773.08
恩施自治州	84.01	50.17	59.72%	2280828	27149.48
仙桃市	32.59	17.81	54.65%	1071338	32873.21
潜江市	20.52	10.86	52.92%	712463	34720.42
天门市	33.88	18.86	55.67%	1317779	38895.48
神农架林区	1.05	0.71	67.62%	33021	31448.57

2016年湖北省全省外出务工人员共有1112.81万人，其中外出务工的男性数量为658.21万人，占外出务工人口总数的59.15%，外出务工的人员中男性居多。所有的地级市外出务工人员中都是男性的数量大于女性的数量，神农架林区外出务工人员中男性占比最高，达到了67.62%，其次是鄂州市、孝感市，都达到了62%，其余在60%以上的市还有武汉市、十堰市、黄冈市、荆门市、黄石市，其余各市外出务工的男性劳动力占比都在50%以上。

从外出务工人员的收入来看,外出务工人员的年平均收入为31787.42元,其中天门市的外出务工劳动者的年平均收入最高,达到了38895.48元,而外出务工收入低于3万元的地区有十堰、宜昌、襄阳、鄂州、咸宁、随州、恩施。

由于外出务工人员都是男性,以及外出务工的非农收入相对较高,其后果就是在农村地区务农的人员都是女性劳动力。非农的高收入状态,也会形成农业就业劳动力到非农领域就业的拉力。这种状态在事实上减少了农业劳动投入,形成农业产出的隐忧。

(四) 各县市农林牧渔业总产值和增加值情况

表1-4展示了湖北省2016年的农林牧渔业的总产值、农业产值以及农林牧渔业增加值和农业增加值。

表1-4　　　　　　　湖北省各市农林牧渔业产值　　　　　单位:万元

地区	农林牧渔业总产值	农业产值	农业产值占比	农林牧渔业增加值	农业增加值
湖北省	62783519	29212696	46.53%	37807938	19422358
武汉市	6696469	3922745	58.58%	4097126	2491371
黄石市	1650376	660358	40.01%	1166304	483897
十堰市	3171329	1812980	57.17%	1732747	1026260
宜昌市	6870191	3564676	51.89%	4098293	2169793
襄阳市	7759106	3515619	45.31%	4533962	2111712
鄂州市	1698513	385307	22.68%	974799	138655
荆门市	3782954	1570289	41.51%	2198131	1001246
孝感市	5223825	2038698	39.03%	2866898	1191667
荆州市	6927788	2601383	37.55%	4001928	1627534
黄冈市	6235450	2933855	47.05%	4053238	1906897

续表

地区	农林牧渔业总产值	农业产值	农业产值占比	农林牧渔业增加值	农业增加值
咸宁市	3102117	1587022	51.16%	1859524	947950
随州市	2576728	1346538	52.26%	1467110	717310
恩施自治州	2627057	1472029	56.03%	1538153	860095
仙桃市	1491302	487300	32.68%	890152	330124
潜江市	1247296	452766	36.30%	735534	301074
天门市	1306563	583587	44.67%	814137	319300
神农架林区	42047	26308	62.57%	22144	13913

2016年湖北省的农林牧渔业总产值为627.8亿元。其中农业产值为292.1亿元，占比46.53%。农业本身的产值没有占据整个农业生产活动的主要部分，而林业、牧业和渔业的比重比农业生产的比重要高。相对来说，林业、牧业、渔业等都是农业的副业，更多的时候被认为是服务型的非农领域。这个状态也与农村劳动力不在农业本身就业的数据相应证。

(五) 全省粮食作物生产情况及粮食作物播种面积情况

表1-5展示了湖北省2016年粮食作物和经济作物的播种面积和粮食作物的产量。

从表1-5中可以看出，2016年湖北省谷物、大豆和薯类的总产量为255.4亿吨，粮食作物的播种面积为4436.87千公顷，经济作物的播种面积为3404.54千公顷。其中粮食产量最多的是襄阳市，占全省粮食产量的19.58%，其次是荆州市，占全省粮食产量的14.55%，黄冈市的粮食产量也占到了全市粮食产量的11.39%，其余各地区的粮食产量占全省粮食总产量的比重均在10%以下。

表 1-5　　　　　　　　　湖北省粮食生产情况

地区	（谷物、大豆和薯类）总产量（吨）	粮食作物播种面积（千公顷）	经济作物播种面积（千公顷）
湖北省	25541095	4436.87	3404.64
武汉市	1100145	209.69	303.02
黄石市	572594	135.09	97.82
十堰市	1056370	278.15	202.17
宜昌市	1529324	329.23	280.28
襄阳市	5001390	760.28	201.08
鄂州市	311200	58.69	63.49
荆门市	2507330	375.86	206.66
孝感市	2063325	361.75	254.74
荆州市	3715100	608.21	434.6
黄冈市	2908240	532.81	468.33
咸宁市	964500	211.74	211.3
随州市	1573997	245.81	90.19
恩施自治州	1497700	431.64	354.32
仙桃市	724476	108.1	94.63
潜江市	470900	75.17	51.43
天门市	633500	126.78	85.81
神农架林区	20000	6.1	6.77

（六）农业机械化的情况

表1-6展示了湖北省2016年农业机械化的情况，2016年湖北省的农机化作业服务组织有8381个，农机化服务组织年末人数有118399人，农机户共1834347户，共2373097人，农业机械总动力为41877536千瓦。荆州市和襄阳市的农业机械总动力都达到了600W千瓦以上，农业机械总动力最低的是鄂州市和神农架林区。

表1-6　　　　　　　　湖北省农业机械化情况

地区	农机化作业服务组织年末机构数(个)	农机化作业服务组织年末人数(人)	农机户年末机构数(个)	农机户年末人数(人)	农业机械总动力(千瓦)
湖北省	8381	118399	1834347	2373097	41877536
武汉市	2467	9091	63041	83091	2253624.4
黄石市	112	2285	2143	7471	1113313.6
十堰市	156	4086	40132	79278	1846412.8
宜昌市	533	10592	207062	243513	2860566.4
襄阳市	1148	9391	376713	518452	6056005.4
鄂州市	87	1161	8882	15611	591613.7
荆门市	541	8918	297935	323302	4655111.7
孝感市	519	6270	88843	112675	2499768.5
荆州市	605	20131	365405	438415	6078395.1
黄冈市	341	14097	156687	242686	3401284.3
咸宁市	190	2625	54521	71166	1742701
随州市	91	1557	43648	48678	2061165.3
恩施自治州	253	5300	82112	111404	2284528.9
仙桃市	26	1218	39880	48375	1367420
潜江市	636	3775	699	1885	1392386
天门市	669	17863	6610	26950	1593467
神农架林区	7	39	34	145	79771.98

（七）农村用电量及化肥

表1-7展示了湖北省2016年农村用电量、农村化肥施用量以及主要农作物农药施用量的基本情况。

表 1-7　　　　　　湖北省农村用电量及化肥情况

地区	农村用电量（万千瓦小时）	农村化肥施用量（吨）按折纯法计算	主要农作物农药使用情况（吨）商品量
湖北省	1528617	3279593	48003
武汉市	150159	125445	1105.42
黄石市	108617.3	51970	1513
十堰市	60833.02	134694	980.34
宜昌市	113676	360465	4278.37
襄阳市	107395.4	584153	8778.1
鄂州市	62935	84505	582.6
荆门市	110684.5	298969	2816.26
孝感市	140645	200282	3463.34
荆州市	165101	335287	8832.51
黄冈市	248639.6	335975	4643.23
咸宁市	52139.69	118141	1908.6
随州市	49936	171932	1569.88
恩施自治州	50888.78	276972	3271.24
仙桃市	58296	59229	585.94
潜江市	14252	64812	660.19
天门市	34419.36	72135	3008.3
神农架林区	0.14	4627	5.68

2016 年湖北省农村总用电量为 1528617 万千瓦小时，农村化肥施用量（按折纯法计算）为 3279593 吨，主要农作物农药使用量为 48003 吨。用电量最多的是黄冈市，化肥施用量最多的是襄阳市，农药使用量最多的是荆州市，其次是襄阳市。

（八）农村有效灌溉面积和水土流失治理面积情况

表 1-8 展示了湖北省 2016 年全省及各市的耕地灌溉面积和水土流

失治理面积情况。

表 1-8   湖北省有效灌溉面积和水土流失治理情况

地区	耕地灌溉面积（有效灌溉面积）（万亩）	水土流失治理面积（千公顷）
湖北省	4538.36	124.21
武汉市	263.58	1.79
黄石市	107.75	4.05
十堰市	82.40	12.35
宜昌市	234.23	19.62
襄阳市	434.10	7.2
鄂州市	79.29	0.44
荆门市	356.88	3.60
孝感市	537.35	5.23
荆州市	855.68	3.44
黄冈市	463.82	28.61
咸宁市	187.04	6.39
随州市	153.30	11.37
恩施自治州	156.80	15.45
仙桃市	170.30	0
潜江市	109.92	0
天门市	164.90	4.67
神农架林区	1.07	0

2016年湖北省耕地灌溉面积为4538.36万亩，水土流失治理面积为124.21千公顷。

五、湖北省劳动力生产效率评估的实证分析

本研究采取模型对湖北省的投入产出情况和湖北省农业劳动力生产效率的评估进行了实证分析。在湖北省农业的投入产出评估研究中，本研究采取了数据包络的方法进行，数据方面以面板数据为基础进行。

（一）模型的选择

在农业生产效率的评价研究中，有很多研究方法，例如，系统聚类法、运筹方法等。Farrell（1957）最先对农业生产效率进行评价，他在对英国农业生产力进行分析时首先提出了生产效率衡量方法，以"非预设生产函数"代替了常用的"预设函数"来推估效率值，并利用数学规划求出效率前缘线，这一般被认为是 DEA 的原型。

随后众多学者对农业生产效率问题进行了研究。1978 年，美国运筹学家 A. Charnes 和 W. W. Cooper 等学者以 Farrell（1957）的模型为基础，正式提出了基于相对效率的多投入多产出分析法——数据包络分析法（Data Envelopment Analysis，DEA），其核心思想是用数学规划寻求最优解的方法来评价多个输入或输出"单位"或"部门"（Decision Making Units，DMU）间的相对有效性：即由众多 DMU 构成被评价群体，通过对投入或产出比率的分析，以 DMU 的各个投入或产出指标的权重为变量进行评价运算，确定有效生产前沿面，并根据 DMU 与有效生产前沿面的距离状况，确定各 DMU 是否为 DEA 有效，同时还可用投影方法指出非 DEA 有效或弱 DEA 有效的原因及应改进的方向和程度。

本研究将采用 DEA 模型作为评价方法，对湖北省 17 个地级市农业劳动力生产效率进行评价研究，找出非 DEA 有效评价单元，评估农业劳动者的生产效率，为湖北省农业劳动力生产率的提高、促进农民增收提出一些参考建议。

（二）变量的选择

（1）湖北省农业劳动力生产效率采用农民人均产出来表征，即农业总产值和农业从业人员的数量的比值。

本研究认为农业生产的投入包括：土地投入、化肥投入、农药投入、农业机械投入、灌溉投入五种类型。

（2）土地投入是由农业总播种面积和农业从业人员数量的比值，有的文章使用耕地面积代替农业总播种面积，考虑到湖北省是一个存在复种的省份，因此用农业播种面积来表示更加恰当。

（3）化肥投入是由化肥施用折纯量和农业从业人员的数量来表示的，用折纯量来表示有利于将不同纯度的化肥统一化。

（4）农药投入是由农药使用量和农业从业人员数量的比值来表示。

（5）农业机械投入量是由农业机械总动力和农业从业人员的数量来表示。

（6）灌溉投入是由有效灌溉面积和农业从业人员数量来表示的。

湖北省农业劳动力生产效率投入产出体系见表1-9。

表1-9　　　　　评价农业劳动力生产效率的投入产出指标

一级指标	二级指标	变量及说明
投入指标	土地投入	总播种面积（千公顷）/农业从业人员数量（万人）
	化肥投入	化肥施用折纯量（吨）/农业从业人员数量（万人）
	农药投入	农药使用量（吨）/农业从业人员数量（万人）
	农业机械投入	农业机械总动力（万千瓦）/农业从业人员数量（万人）
	灌溉投入	有效灌溉面积（万亩）/农业从业人员数量（万人）
产出指标	农民人均产出	农业总产值（万元）/农业从业人员数量（万人）

(三) DEA 方法的基本原理

1. 工作步骤

数据包络分析的基本步骤过程可以用图 1-1 简单地表示出来。

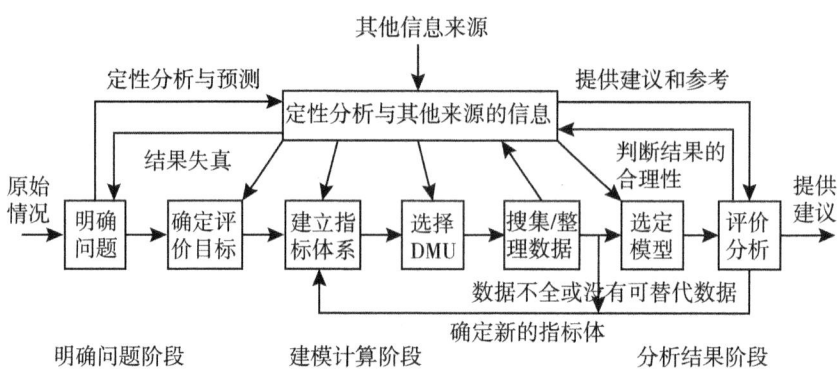

图 1-1　DEA 方法工作步骤流程图

2. DEA 模型的构造

DEA 模型作为一个投入产出模型，符合如下要求：

假定 n 个决策单元对应的输入数据和输出数据分别为：

$X=(x_1, x_2, \cdots, x_m)$ 为 $m \times n$ 矩阵

$Y=(y_1, y_2, \cdots, y_s)$ 为 $s \times n$ 矩阵

则 DEA 的属性数学构造为：

$$\min_{\theta,\lambda} \quad \theta$$
$$\text{s.t.} \quad -y_i + Y\lambda \geq 0$$
$$\theta x_i - X\lambda \geq 0$$
$$I1'\lambda = 1$$
$$\lambda \geq 0$$

式中 $I1$ 是 $I \times 1$ 的 1 的向量。λ 是一个 $N \times 1$ 常数向量。θ 是一个标量。

（四）农业劳动力生产效率的实证分析

1. 农业劳动力生产效率状态分析

本章根据湖北省 17 个地级市农业生产的投入产出数据（见本章附件 1），利用 DEAP2.1 软件测算了 2016 年湖北省各个地级市的农业劳动力生产效率。具体结果见表 1-10。表 1-10 的第一行 TE、PTE、SE、RTS 分别代表的是综合技术效率、技术效率、规模效率和规模报酬的情况。

表 1-10　湖北省各地级市农业劳动力生产效率测算结果

DMU	综合技术效率（TE）	技术效率（PTE）	规模效率（SE）	规模报酬（RTS）
武汉市	1.000	1.000	1.000	—
黄石市	0.411	1.000	0.411	irs
十堰市	1.000	1.000	1.000	—
宜昌市	0.947	1.000	0.947	irs
襄阳市	0.527	0.544	0.969	drs
鄂州市	0.412	0.910	0.453	irs
荆门市	0.352	0.514	0.686	drs
孝感市	0.469	0.714	0.657	irs
荆州市	0.327	0.345	0.948	irs
黄冈市	0.469	1.000	0.469	irs
咸宁市	0.556	0.632	0.880	irs
随州市	0.575	0.705	0.816	irs
恩施自治州	0.522	1.000	0.522	irs
仙桃市	0.314	1.000	0.314	irs
潜江市	0.476	0.529	0.899	irs
天门市	0.359	0.404	0.888	drs
神农架林区	1.000	1.000	1.000	—
平均值	0.573	0.782	0.758	

在经济学中，综合技术效率（TE）指的是在一定投入要素下的生产效率，它是对决策单元的资源配置能力、资源使用效率等多方面能力的综合衡量和评价。纯技术效率（PTE）指的是在不考虑要素利用率问题所带来的效率损失情况之下，假定生产已经对应了最优的生产规模，即在不变规模报酬假定下测度的实际生产点与生产可能性曲线差距的测度评估。规模效率（SE）指的是在制度和管理水平一定的前提之下，现有规模与最优规模之间的差异，反映了经济体规模因素影响的生产效率。规模报酬（RTS）分为递增、递减和不变三种情况，反映了要素投入之后，经济体本身的投入产业能力状态。

湖北省 17 个地级市的平均综合技术效率值为 0.573，平均技术效率值为 0.782，平均规模效率值为 0.758。可以看出湖北省整体的技术效率和规模报酬效率的值非常接近，但是平均技术效率要略高于平均规模效率。

2016 年湖北省共有三个市处于生产前沿，这三个市分别是武汉市、十堰市和神农架林区。余下的市中技术效率处于生产前沿的市有黄石市、宜昌市、黄冈市、恩施自治州和仙桃市，但是它们的综合技术效率和规模效率都没有处于生产前沿。

从综合技术效率的角度来看，除了处于生产前沿的几个市外，宜昌市的综合技术效率较高，达到了 0.947，但是余下的市的综合技术效率较低，其中效率在 0.5 以上的市有襄阳市、咸宁市、随州市、恩施自治州，但是这些地级市的效率都不足 0.6，剩下的各市综合技术效率都不足 0.5，其中综合技术效率最低的是仙桃市，综合技术效率仅为 0.314。

从纯技术效率的角度来看，共 8 个市的纯技术效率值为 1，在余下的 9 个市中，纯技术效率最高的是鄂州市，纯技术效率值为 0.910，其次是孝感市，纯技术效率值为 0.714，纯技术效率最低的市为荆州市，为 0.345，然后是天门市，为 0.404，其余各市的纯技术效率都在 0.5 以上。

从规模效率的角度来看，除了在生产前沿面上的三个市外，其余各市中，规模效率在 0.9 以上的有宜昌市、襄阳市、荆州市，规模效率在

0.8 以上的市有咸宁市、潜江市、天门市，规模效率在 0.5 以下的市有黄石市、鄂州市、黄冈市、仙桃市。

从规模报酬的角度来看，只有武汉市、十堰市和神农架林区处于规模报酬不变阶段，襄阳市、荆门市、天门市处于规模报酬递减阶段，其余各市的规模报酬效率都处于递增阶段。

2. 要素投入优化分析

为了进一步分析无效率 DMU 生产效率低下的原因，在软件的输出结果中，可以看到对 2016 年湖北省 9 个无效率 DMU 各投入要素进行松弛调整的结果（见表 1-11）。

表 1-11　湖北省农业劳动力生产效率技术无效率地区生产投入松弛调整情况

DMU	土地投入	化肥投入	农药投入	农业机械投入	灌溉投入
襄阳市	−1.476	−4942.362	−91.299	−30602.226	0.000
鄂州市	0.000	−2162.411	−7.182	0.000	−1.654
荆门市	−5.110	−5627.380	−54.680	−81071.510	−4.230
孝感市	0.000	0.000	−13.083	−508.758	−2.969
荆州市	0.000	−598.222	−67.831	−11612.870	−3.583
咸宁市	0.000	−25.551	−16.939	0.000	0.000
随州市	0.000	−1487.686	−27.084	−1565.163	−0.888
潜江市	0.000	−2344.122	−33.720	−60865.827	−4.303
天门市	−1.410	−1538.010	−154.120	−45258.300	−4.020

从土地投入要素来看，9 个无效率地级市中只有 3 个市在土地投入上存在投入冗余，分别是襄阳市、荆门市、天门市，其中冗余最多的是荆门市，需要调整 5.110 千公顷/万人。从化肥投入的角度来看，除了孝感市外的其余 8 个市都存在化肥投入冗余，说明在无效率 DMU 中，几乎都存在化肥过量投入的情况，其中需要调整量最多的市是荆门市，调整量为 5627.380 吨/万人，调整量最小的是荆州市和咸宁市，分别为 598.222 吨和 25.551 吨。

从农药投入的角度来看，9个无效率DMU都存在农药投入冗余的情况，说明农药投入是造成效率低下的主要原因之一，其中调整量最大的是天门市，需要调整154.120吨/万人，调整量最小的是鄂州市，需要调整7.182吨/万人。

从农业机械投入的角度来看，除了鄂州市、咸宁市无需调整农业机械投入量外，其余效率低下的DMU都不同程度地要调整农业机械投入，其中需要调整量最多的分别是荆门市和潜江市，为81071千瓦/万人和60865千瓦/万人，需要调整量最小的是孝感市，只需减少农业机械投入508.758千瓦/万人。

从灌溉投入的角度来看，9个无效率DMU中只有襄阳市和咸宁市的灌溉投入不存在冗余，其余7市都存在不同程度的冗余，需要调整较多的市有荆门市、潜江市、天门市，这三个市需要调整的量都达到了4万亩/万人，调整量最小的是随州市，需要调整8880亩/万人。

3. 湖北省劳动力生产效率评估分析的基本结论

（1）影响湖北省农业劳动力生产效率的主要因素是纯技术效率，各个市之间的综合生产效率差异较大。在湖北省17个地级市中，只有武汉市、十堰市和神农架林区是DEA有效单元，单独纯技术效率有效的市有黄石市、宜昌市、黄冈市、恩施自治州和仙桃市，但是它们的综合技术效率和规模效率都没有处于生产前沿。宜昌市是在短期内较容易得到改善的单元，其余各市的综合技术效率较低，低于0.5的市有黄石市、鄂州市、荆门市、孝感市、荆州市、仙桃市、潜江市、天门市。可以看出，武汉市、十堰市和神农架林区的农业劳动力生产效率较高，在全省可以起到模范带头作用，湖北省虽然是中国的农业大省，但仍然有众多地级市的农业劳动力生产效率较低，证明了湖北省的农业劳动力生产效率可以进一步提高。

（2）从规模报酬的角度来看，除三个生产效率有效单元的规模报酬处于不变阶段外，襄阳市、荆门市、天门市处于规模报酬递减阶段，进一步说明了这三个市需要通过其他要素的投入来提高自己的农业劳动力生产效率而不是增加农业的规模。其余各市的规模报酬效率都处于递增阶段，对于处于规模报酬递增的市，应该扩大农业生产规模。

（3）从DEAP2.1输出结果的松弛调整量来看，襄阳等9个市存在投入冗余的问题，表现在：

第一，农药投入的问题最为严重，9个市都不同程度地存在农药投入的冗余，说明农民在从事农业生产的过程中不能较好地把握农药的施用量，并且过多地依赖了农药的作用，这样产生的后果是：一方面农药投入过多会给土地造成负担，另一方面，农药投入过多可能导致农产品中有较多的农药残留。

第二，分别有7个市和8个市存在农业机械总动力和化肥投入的冗余，虽然目前湖北省的农业劳动力以女性和老年劳动力为主，农业劳动力仍然存在冗余的问题，说明了目前湖北省农村的农业仍然存在剩余劳动力，从侧面反映出了湖北省农业劳动力的年龄较大，农村老人的劳作时间较长的问题。

第三，7个市存在化肥投入的冗余问题，说明在湖北省农村地区仍然存在化肥过度投入使用的状况，过度使用化肥与过度使用农药类似，都会给农作物和土地带来不利的影响。第四，在土地上利用比较充分。在五项投入中土地投入问题最不突出，只有3个市存在土地投入冗余问题，说明在湖北省的农业生产中土地的利用程度比较充分。

六、政策建议和对策

在上述实证分析的基础上，为了提高湖北省农业劳动力生产效率，站在劳动经济学的角度上，基于对DEA实证分析的结果，本研究提出促进湖北省劳动生产率提高的对策和措施包括：

（1）切实解决湖北省农业生产过程中要素投入过多的问题。要素投入过多的原因，在于湖北省当前的生产基本以小农生产为主。这种生产组织制度及农户的精耕细作方式之下，形成农药、化肥施用量过多和农业机械投入过多的状态。鉴于此，在政策措施上，需要在当前家庭承包经营的基础上，加快培育专业大户、家庭农场、农民专业合作社等新兴农业经营主体培育，通过鼓励土地流转来改变传统的小农生产精耕细作的生产作业模式，通过规模化的生产方式来减轻小户经营过程中生产要素投入的边际效应递减规律的约束，从而减少农业投入中的冗余问题。

（2）提高农业从业人员的素质，以此来提高农业生产的劳动效率。人力资本素质的提升是农业投入的重要环节，也是农业生产效率的重要构成部分。但是农业相对工业而言是一个生产效率较低的部门，农民本身的积累和用于自身进行技术和技能更新的资源是相当有限的，这种状态之下，希图通过市场化的手段来提升农业劳动者的素质是存在很多障碍的，政府在这个过程中，不能成为旁观者，而是需要积极作为，提供提升农业劳动者素质的公共产品。包括：①政府有目的地进行农业生产技能的培训工作。就各地的情况，组织农业劳动者在当地的培训中心，进行符合当地作物特点和要求的农业知识和生产技能的免费培训。②开展科技下乡活动，邀请农业方面的专家给农民做讲座，传达先进的知识和技术，解决农业劳动者在生产活动中碰到的各种困惑，让他们了解农业生产的基本规律。③政府购置一些农业技术方面的书籍，并免费提供给基层组织，供其免费借阅，增强他们的知识技能。

（3）彼此学习，自我教育，形成区域联动发展的新格局。当前湖北省境内在劳动力效率方面，效率高的地区是武汉市、十堰市和神农架林区，其中神农架林区由于主要是旅游风景区，本身农业就业人口数量相对较少，而不具有典型性。但是武汉市在农业生产过程中是有典型性的，主要原因在于武汉市是湖北省的文化、教育、政治和经济中心，相对而言，农业的劳动者的素质也是省内最高的，在政策、资源等方面都具有前导性和辐射的作用。正是因为这个原因，在区域发展过程中，其他地区的农业生产经营需要学习武汉的做法和经验，通过农业生产的示范效应，使其他农业劳动力效率相对低下的城市能够分享到经验，从而带动 DEA 中相对效率低下的城市中劳动者效率的改变。

◎ 参考文献

[1] 孟令杰. 中国农业产出技术效率动态研究 [J]. 农业技术经济, 2000 (5): 1-4.

[2] 亢霞, 刘秀梅. 中国粮食生产的技术效率分析——基于随机前沿分析方法 [J]. 中国农村观察, 2005 (4): 25-32.

[3] 李周, 于法稳. 西部地区农业生产效率的 DEA 分析 [J]. 中国农村观察, 2005 (6): 2-10+81.

[4] 黄少安, 孙圣民, 宫明波. 中国土地产权制度对农业经济增长的影响——对 1949—1978 年中国大陆农业生产效率的实证分析 [J]. 中国社会科学, 2005 (3): 38-47+205-206.

[5] 王志刚, 龚六堂, 陈玉宇. 地区间生产效率与全要素生产率增长率分解 (1978—2003) [J]. 中国社会科学, 2006 (2): 55-66+206.

[6] 张宁, 陆文聪. 中国农村劳动力素质对农业效率影响的实证分析 [J]. 农业技术经济, 2006 (2): 74-80.

[7] 陈卫平. 中国农业生产率增长、技术进步与效率变化: 1990—2003 年 [J]. 中国农村观察, 2006 (1): 18-23+38+80.

[8] 梁流涛, 曲福田, 王春华. 基于 DEA 方法的耕地利用效率分析 [J]. 长江流域资源与环境, 2008 (2): 242-246.

[9] 汪旭晖, 刘勇. 基于 DEA 模型的中国农业生产效率综合评价 [J]. 河北经贸大学学报, 2008 (1): 53-59.

[10] 郭军华, 倪明, 李帮义. 基于三阶段 DEA 模型的农业生产效率研究 [J]. 数量经济技术经济研究, 2010, 27 (12): 27-38.

[11] 李谷成, 冯中朝, 范丽霞. 小农户真的更加具有效率吗? 来自湖北省的经验证据 [J]. 经济学 (季刊), 2010, 9 (1): 95-124.

[12] 方福前, 张艳丽. 中国农业全要素生产率的变化及其影响因素分析——基于 1991—2008 年 Malmquist 指数方法 [J]. 经济理论与

经济管理，2010（9）：5-12.

[13] 李谷成，冯中朝. 中国农业全要素生产率增长：技术推进抑或效率驱动——一项基于随机前沿生产函数的行业比较研究[J]. 农业技术经济，2010（5）：4-14.

[14] 吴玉鸣. 中国区域农业生产要素的投入产出弹性测算——基于空间计量经济模型的实证[J]. 中国农村经济，2010（6）：25-37+48.

[15] 匡远凤. 技术效率、技术进步、要素积累与中国农业经济增长——基于SFA的经验分析[J]. 数量经济技术经济研究，2012，29（1）：3-18.

[16] 崔迎迎，陆新文. 安徽省农业生产效率及影响因素研究——基于三阶段DEA-Tobit模型的实证分析[J]. 青岛农业大学学报（社会科学版），2017，29（4）：12-17.

[17] 翁斯柳. 福建省农业规模经营效率分析——基于DEA-Tobit模型[J]. 对外经贸，2017（12）：64-66.

[18] 王善高. 低碳视角下中国农业生产技术效率分析——基于产出距离函数的随机前沿方法[J]. 新疆农垦经济，2018（1）：75-83.

[19] 李子君. 基于DEA的辽宁省农业生产效率分析[J]. 农业经济，2018（2）：54-56.

[20] 许云芳. 基于DEA模型的山西省农业资源利用效率研究[J]. 山西农业大学学报（社会科学版），2018，17（4）：55-61.

[21] 匡远配，杨佳利. 基于农地流转视角的中国农业技术效率分析[J]. 南京农业大学学报（社会科学版），2018，18（2）：138-148+162.

[22] 曲昊月，庄丽娟. 农业生产服务、技术进步与技术效率——基于35个经济体的实证研究[J]. 经济问题探索，2018（3）：169-177.

[23] 傅顺，卢华. 土地细碎化、收入非农化对农业技术效率的影响[J]. 皖西学院学报，2018，34（1）：80-85.

[24] 叶文忠, 刘俞希. 长江经济带农业生产效率及其影响因素研究 [J]. 华东经济管理, 2018, 32 (3): 83-88.

[25] 马占新. 数据包络分析模型与方法 [M]. 北京: 科学出版社, 2010: 3-49.

[26] Chambers, R. G., Fare., Grosskopf, S. Producticity Growth in APEC countries [J]. Pacific Economic Review, 1996, 1 (3): 181-190.

[27] Coelli T. J., Prasada Rao D. S. Total Factor Productivity Growth in Agriculture: A Malmquist Index Analysis of 93 Countries, 1980-2000 [J]. Agricultural Economics, 2005, 32 (s1): 115-134.

[28] Fare, R. Grosskopf, S. Lovell, C. A. K. Production Frontiers [J]. Cambridge: Cambridge University Press, 1994.

[29] Schultz, Theodore W. Transforming Traditional Agriculture [M]. New Haven: Yale University Press, 1964.

附件: 湖北省劳动力生产效率投入产出原始数据表

地区	(I)土地	(I)灌溉	(I)用电量	(I)化肥	(I)劳动力	(I)农机	(O)农业 GDP
荆门	375.86	216.21	110684.5	298969	35.75	4655111	1570289
仙桃	1354.95797	1276.41653	58296	59229	28.73	1805075.552	487300
鄂州	122.18	13.06	62935	84505	1.01	668000	385306
恩施	261.05	73.3	50888.78	276972	181.4	2284529	1472029
黄冈	352.45	258.1	248640	335975	333.01	6732510.68	4053200
黄石	119.13	57.64	108617.3	51970	92.02	1113314	660358
荆州	1039.38	423.07	165101	335300	243.43	6172200	2601383
潜江	112.755	91.2923	14253	64812	12.54	664934.411	452766
神农架	9.35	0.116	1197.2	462	2.73	130000	25519
十堰	177.85	38.1	60833.02	134694	151.17	2206044.34	1812980
随州	336	126.5	49900	171900	106.69	2061200	1346538
天门	126.78	109.81	34419.36	260839	59.08	1593500	583587
武汉	512.71	150.99	150159	125445	42.96	2930100	6696469

续表

地区	(I)土地	(I)灌溉	(I)用电量	(I)化肥	(I)劳动力	(I)农机	(O)农业GDP
咸宁	169.96	94.76	52139.69	118141	113.85	1742702	3102100
襄阳	961.36	277.73	107395	584153	217.47	3076101.365	7602637
孝感	615.49	242.5	140645	200282	244.49	3936844.115	5223825
宜昌	609.51	126.35	113676	360465	69.67	2860566	6870191

第二章　湖北省经济增长中劳动力质量的因素影响研究

一、研究背景及意义

（一）研究背景

改革开放以来，湖北省经济一直保持着高速增长。但近年来，随着湖北省经济结构调整和升级过程中诸多矛盾的约束，湖北省经济的增长速度出现了放缓的迹象。探究湖北省改革开放以来经济高速增长的路径，会发现湖北省农村剩余劳动力不断投入经济生产系统与湖北省经济持续长期增长的区间是吻合的。也就是说，湖北省经济的增长速度和劳动力要素的投入之间是正相关的。在理论研究中，加入劳动力数量的 Solow 模型也表明劳动力要素的投入是经济增长的必要条件（Mankiw，Romer，Weil，1992）。

然而，自 1980 年开始的中国长期计划生育政策实施不仅改变了中国的人口结构，也改变了湖北省的人口结构。湖北省劳动力数量的总量在开始下降，湖北省 15~59 岁的劳动年龄人口随时间推移呈现逐步递减的趋势，同时，湖北省劳动年龄人口出现了老龄化的趋势，人口抚养比在逐步上升。尽管在 2017 年中国全面放开了二胎生育限制，但是这些二胎人口要转变为现实的劳动生产力，还是一个有待时日的事情。简单依靠劳动力数量的投入来实现经济增长，在中国并不是一个现实的问题。要发展经济只能在提高劳动力的生产效率上寻找出路，经济增长只能在劳动力质量上下功夫。

劳动力质量是人力资本理论的具体应用。20世纪60年代，美国经济学家舒尔茨提出了人力资本理论，认为人身上的知识储备和技能水平应与劳动力个人区分开来，劳动力个人只是劳动力自身知识储备和技能水平的载体，而依附于劳动力本身上的人力资本是促进经济增长的一个重要因素。通过对教育、技能培训等方面的投资，能够有效地增加人力资本积累，进而提高劳动力的产出，促进经济增长。

湖北省在经历了要素高投入、产业结构调整等因素主导的经济快速增长后，随着要素投入边际产出递减、人口红利消失等矛盾出现，湖北省必须寻找新的经济增长点。

基于这种认识，本研究将在劳动力质量分析的基础上，利用该工具来探讨湖北省劳动质量在经济增长中的影响及影响劳动力质量的因素，为湖北省的经济增长服务。

(二) 研究意义

本章力图在问题导向的基础上，从劳动力质量的角度对湖北省的经济增长进行考察，并利用劳动力质量这个工具来分析湖北省经济增长中劳动力质量面临的问题。这种研究是有意义的，表现在：

(1) 在理论上，丰富了当前经济增长理论的外延。当前学者研究人力资本积累对经济的影响时，有关成果主要集中在教育、培训和健康等方面。事实上，人力资本对经济的影响是全方位的，并且经济增长本身也是一个需要考察的领域。劳动力质量尽管来源于人力资本理论，但是它是对人力资本理论的扬弃，在统计上如何对劳动力质量概念进行统计度量，是当前研究中的薄弱环节。把劳动力质量概念与经济增长相联系，考察劳动力质量对经济增长的影响，本身就拓展了人力资本概念的外延，在理论上也具有一定的创新性。

(2) 在实践上，湖北省面临着严重的人口老龄化问题，湖北省人口从高出生率、高死亡率转变为低出生率、低死亡率的生育模式，劳动力供给面临减少的趋势，这是摆在湖北省经济增长面前一个迫切需要解决的问题。要解决湖北省经济增长中劳动力投入不足的问题,只能在劳动力生产效率上下功夫。劳动力质量就是提高劳动力生产效率的一个解决方向,只有劳动力质量提高,进而带来经济系统生产效率提高,才可以使得湖北省劳动力绝对投入数量的下降不会引发经济增长失速。对该领域的探索形成的对策和措施,有助于为实践政策制定提供理论依据。

三、国内外研究的综述

(一) 劳动力质量相关文献综述

通过对中国期刊网、维普期刊网等主要文献检索网络以"劳动力质量"和"经济增长"为关键词检索结果进行分析,本章认为,当前关于劳动力质量对经济增长影响的研究聚焦于如下几个方面:

1. 劳动力质量概念的研究

这类研究以定性研究为主。究竟什么是劳动力质量,在学术界目前并没有一个权威的定义,这导致了对于什么是劳动力质量在当前的学术界中并没有形成共识。尽管有很多学者在运用劳动力质量这个概念来对自己要探寻的相关主题进行研究,但对劳动力质量概念的诠释都是依据各自的研究目的进行的,对劳动力质量概念本身并没有共识。例如,钞小静 2014 年发表在《经济研究》中的论文《城乡收入差距、劳动力质量与湖北省经济增长》把劳动力质量的概念具象为劳动者的受教育年限。这个定义与明塞尔对人力资本的定义是重合的,明塞尔认为人力资本的评价就是依据劳动者的受教育年限来完成的,也就是说在钞小静看来,所谓的劳动力质量其实指的就是劳动者的人力资本。姚增福 2016 年发表的《农村劳动力质量对规模农户生产效率影响研究》认为劳动力质量是劳动投入按就业、年龄、性别及教育程度等属性进行分类并形成的劳动投入指数,他认为这个劳动投入指数就是劳动力质量的概念,并依据这个概念进行了相关的研究。李海铮发表于 2015 年《中央财经大学学报》的文章《基于人力资本的劳动力质量地区差异》中,把劳动力的质量定义为：劳动者的学前人力资本、教育质量、工作经验质量、健康等的综合，利用指标体系来表征这个劳动力质量的概念等。

2. 劳动力质量对社会经济的影响研究

在依据各自构建的劳动力质量的概念基础上，学者们基于各自定义的概念对社会经济中的各种社会现象进行了相关的影响研究，包括劳动力质量对经济增长、劳动力质量对产业转移、劳动力质量对农户生产效率、出口产品技术提升、劳动力质量对制造业的影响等。从目前文献的状况来看，这些研究几乎涵盖了社会经济的各个层次和层面。例如，魏伟在 2016 年发表在《宏观质量研究》的文章《企业异质性、劳动力质量与国际产业转移》中，就分析了劳动力质量对国际产业转移的影响，他的基本结论是，劳动力质量的提升整体上能够促进城市对于外资新建企业的吸引力，而且这一作用对高生产率、高技术和非港澳台地区外资新建企业的影响更为显著。李燕在发表于 2016 年《湖北省文理学院学报》上的文章《湖北省城乡收入差距、劳动力质量与经济增长实证分析》中指出，湖北省的收入差距、劳动力质量和经济增长之间存在显著的相互作用机制，即城乡收入差距的扩大对劳动力质量具有制约作用，劳动力质量的提高将加速城乡收入差距的扩大；经济增长抑制城乡收入差距的扩大，短期内城乡收入差距的扩大对经济增长起到促进作用，但长期来看，将不利于经济的增长；劳动力质量的提高有利于经济的增长，而且经济增长也将促进劳动力质量的提高。

3. 劳动力质量的意义研究

国内外并没有对于劳动力质量含义的权威认定，但是很多的学者已经认识到单纯依靠人力资本这个概念已经很难描述劳动者本身具有的能力对社会生产和生活的影响。他们认为必须借助于劳动力质量这个概念对社会经济生活的各个层面进行重新诠释，因此，有很多学者开始借助这个概念来认识社会经济中发生的变化，承认劳动力质量的重要性。这类研究很多是定性类的研究，例如，谢文静在 2008 年发表于《特区经济》上的文章《深圳外来劳动力质量随机调查与思考》中认为，外来劳动力对深圳经济社会发展贡献很大，但深圳经济社会发展的现实是

"GDP 总量的增加与劳动力数量并非同步增加"，这是技术要素与劳动力质量提高的结果。重视劳动资源的投入和资源开发，以提高外来劳动力的质量和充分挖掘劳动者的潜力，是深圳转变经济增长方式的重要内容。有学者在 20 世纪 80 年代就开始认识到劳动力质量的重要性了。王永治 1980 年发表在《北京大学学报》的文章《必须充分重视劳动力质量的提高》，邓友平 1983 年发表在《中南财经政法大学学报》上的文章《劳动力质论》，杨汉祥 1983 年发表于《北京成人教育》的文章《提高劳动力质量的几个问题》，李伟 1986 年发表于《经济问题》上的文章《论劳动力质量必须同生产资料的性质相适应规律》等，都已经意识到人力资本这个概念的局限性。明塞尔对于人力资本的度量，主要是从教育方面来进行刻画，但是劳动者本身所固有的素质对经济增长有利和有益的部分远远不是教育所能够涵盖的，这就造成人力资本这个概念的描述存在着缺陷。国内外的学者都认识到了这个问题，发现必须利用劳动力质量才可以进行说明。

4. 促进劳动力质量提升的对策和措施研究

尽管对于劳动力质量的含义，各个研究者存在着各种理解，但是这并不妨碍学者站在各自的立场上对劳动力质量的问题进行挖掘，并提出相应的解决问题的对策和措施。例如，张霞英在 1991 年发表于《经济管理与干部教育》的文章《提升劳动力质量的紧迫性及其途径》中认为，提高劳动力质量的手段包括：加强思想教育工作和企业文化建设；改善生活条件，提高劳动者的身体素质和健康水平；发展教育事业，提高劳动者的智能素质等。叶连友在 1981 年发表于《人口学刊》中的文章《关于提高中国人口质量和劳动力质量的问题》中指出，对于中国的劳动力质量，要搞好调查，进行规划，领导重视，加强投资，进行宣传，通过上述途径来克服中国劳动力质量中弊端问题。吴贵明在 1999 年发表于《福建论坛》中的文章《福建省劳动力质量分析与对策》中指出，要提升福建省的劳动力质量，措施包括行政引导、健全法制、市场机制等方面。

(二) 对现有研究的评价

当前国内外的研究从各自的视角和手段出发,在不同程度上对劳动力质量对经济增长的各个层面进行了描述,具有一定的客观性、科学性和合理性,其结论丰富了学界对劳动力质量对经济增长的影响的认识。但是本章认为现有相关研究仍具有欠缺,具体表现在:

第一,对于劳动力质量的概念认识不足。当前的研究中,学者从不同角度对劳动力质量进行分析,但是对于劳动力质量的内涵出现各种解释,有些概念和人力资本本身的概念相一致,导致尽管使用了劳动力质量这个概念,但是本质上还是人力资本的不同名词表述,内涵上并没有任何实质性变化。

第二,现有的关于劳动力质量对经济增长影响的实证分析中,不同研究采用的数据、模型各不相同,由此带来了不同的结论。由于当前缺少权威的数据库用于分析,而学者各自进行社会调查时获取的数据存在样本偏差,结果有的因素在某些研究中被认为是有效的影响因素,在另外的研究中却被认为是无效的影响因素,最终研究结论之间无法进行比较,失去了借鉴意义。

第三,有些国内研究借鉴了国外相关主题的研究方法和手段,但是忽视了国外和国内在文化、舆情、社会制度和生活生产方式上的差别。在发达国家,劳动力质量对经济增长的影响是在市场化背景下的劳动力就业环境中发生的。而在中国特色的社会主义制度背景下,尽管市场因素在发挥作用,但中国基层的社区制度、社会管控状态并没有严格遵循市场规律,国内外就业制度存在严重的差异。因此国内劳动力质量的表现与西方背景下的状态不会完全一致,如果不加区别地借鉴或者采用国外的研究成果,就犯了刻舟求剑的错误。

第四,针对劳动力质量对经济增长的研究仍属于现象研究和个案研究,没有形成一个统一的分析框架,尽管学者分别从不同视角描述了一些现象问题,最终这些研究的说服力都值得商榷。与此同时,由于当前劳动力质量对经济增长的研究仍属于现象研究,无法形成严谨的逻辑结构，最终只形成应急性的对策，而非前瞻性的判断。

正是当前劳动力质量研究中存在上述缺陷，从而使得本章开展劳动力质量对经济增长的研究有了立足点和标杆。本章将力图吸收已有研究中的积极因素，同时摈弃现有研究中的缺陷，从而形成一个结构合理、逻辑科学的分析框架，对劳动力质量对经济增长的影响进行深刻挖掘，揭示出其对湖北省经济增长的真实含义，提出相应的对策和措施，服务于湖北省经济的增长过程。

四、劳动力质量对经济增长的影响机制分析

（一）劳动力质量的含义

在古典经济学的经济增长理论中，劳动力作为投入经济系统的要素是同质的。而事实上，每个劳动者个体都是不一样的，每个劳动力所受的教育、培训、积累的经验都是不同的，能够提供的劳动生产率也是有差异的。在新古典经济学中，学者们认识到这种差异性，在经济增长中，引入了"人力资本"这个概念，认为劳动力不仅限于数量还包括质量，即劳动者的知识水平、技能熟练程度、工作能力以及健康状况等。在宏观上，劳动力的数量和质量统称为劳动力的人力资本，是人力资本在影响经济的增长，而不单纯是劳动力数量的问题。虽然以舒尔茨为首的人力资本学家对人力资本进行了明确的定义，有着确切的含义，但是如何对人力资本进行衡量和量化，直到明塞尔的研究成果出现之后，才算是有一个公认的答案。明塞尔认为人力资本的度量是依据劳动力的受教育年限来完成的，因此要衡量人力资本的多少，依赖于劳动者受教育的年限。后来的研究者在研究人力资本时，基本都是采用明塞尔的准则，即采用受教育程度来反映人力资本的状态。尽管舒尔茨在研究人力资本时，认为投入经济系统的劳动力不仅是数量问题，还包括劳动者的受教育程度、技能熟练程度、工作能力和健康状况等，但是在明塞尔统计上，只考虑了劳动者的受教育程度，而在事实上偏离了人力资本

最初的原始概念。

现代的经济学研究者，已经广泛地认识到了劳动者的质的问题，在各自的研究领域都重视劳动力的质的影响。埃里克·A. 汉努舍克等（2003）根据内生增长模型研究了劳动力质量对经济增长的影响，发现作用效果显著。程剑鸣（2007）基于劳动力供给变化以及人口红利减少的背景，分析了劳动力质量与经济增长的关系，表明新的经济增长点要从劳动力质量下手，像投入资本改变技术水平一样，加强人力资本的投入，通过提高劳动力质量来进一步促进经济增长。

尽管很多文献中都提到"劳动力质量"的概念，但是这个概念在当前的研究中并没有一个确定的权威界定，什么才是劳动力的质量呢？

本章认为，劳动力质量是指依附于劳动者载体上的，反映劳动者自身素质和能力的内在指标。劳动力质量具有如下特点：

（1）异质性。不同劳动者的劳动力质量显而易见是不同的。优质的劳动力质量具有更多的社会能动性，在劳动生产效率和经济产出方面都要比劣质劳动力质量的劳动者要高。

（2）内在性。劳动力质量是依附于劳动者个体，并且反映劳动者自身状态的一个特征指标。也就是说，劳动力质量具有和劳动者一体性、内生性的特点，不依赖于其他标准而客观存在。并且这个内生的劳动力质量会对其他的经济变量造成影响。它是一个独立作用的变量，对外具有外生性，对内具有与劳动者一体性。

（3）可变性。所谓具有可变性是指劳动力质量通过劳动者自身的努力，其劳动力质量可以不断自我提升和提高，从而从一个低水平的劳动力质量转变为一个高水平的劳动力质量，当然，也可能由于某些事件，引发劳动者的劳动力质量出现下降的趋势。这些都表现出劳动力质量实际上是一个变量。

（4）可量化性。显而易见，劳动力质量与人力资本是有联系的，依据舒尔茨的原始定义，人力资本是指劳动者的知识水平、技能熟练程度、工作能力以及健康状况等。但是在大家都公认的、权威的明塞尔处理方式中，对于人力资本的量化实际上只是采用了劳动者的受教育状态。而且在研究中大家基本是用明塞尔的手段作为人力资本的量化手段。这种手段实际上是与舒尔茨的原始定义有偏差的。而舒尔茨的原始定义中，有很多概念之间相互冲突，例如知识水平和技能熟练程度，技能熟练程度和工作能力之间都存在较大的重叠性。本章认为劳动力质量反映了劳动力的学习存量和身体存量两个环节。学习存量利用劳动者的受教育水平衡量，而身体存量利用劳动者的健康状态来描述。这两个方面的合二为一就是对于劳动力质量的完整量化过程。

依据劳动力质量的内生性，其可以作为一个外生变量投入经济系统中，作为要素投入的一个环节。依据劳动力质量的可变性，通过手段和措施，对劳动力的受教育程度进行提升，或者劳动者加强体育锻炼，从而有很好的体魄，更好和更加有效率地投入经济系统中，进行经济活动。依据可量化性，可以对劳动力质量进行量化，从而开展各种宏观和微观分析。

可以看出，本章提出的劳动力质量是指的依附于劳动者本身的反映劳动者受教育程度和身体状态的统一的评价变量。该变量是客观存在的，反映了劳动者的劳动力素质和能力，它不仅仅反映了劳动者的数量，更加反映了劳动者的质的问题。它不仅反映劳动者运用知识的能力（用受教育程度表示），也反映了劳动者的行为能力（用劳动者的身体素质表示），是劳动者运用知识的能力和自身行为能力的统一体。

（二）劳动力质量对经济增长的影响机制分析

劳动力质量对经济增长的影响过程主要体现在：

（1）劳动力质量本身反映的是人力资本的存量，既然是人力资本存量，当前的卢卡斯关于人力资本对经济增长的作用机制在本章中就是起作用的。

卢卡斯认为，人力资本投资以及人力资本存量对内生经济增长以及低收入国家经济增长起到重要作用,劳动力做出获取知识的决策比一国的知识储备存量对劳动生产率的提高贡献更大。卢卡斯提出人力资本具有"内部效应"和"外部效应",内部效应是通过正规学习对人自身人力资本的积累,外部效应则是通过实际操作获得的人力资本积累,即"干中学"。人力资本的外部效应可外溢,具有扩散性,能够提高生产要素的产出率,呈现出边际效益递增的趋势。在此假设下,人力资本成为长期稳定的经济增长的助力。卢卡斯的模型分为两时期模型以及两商品模型。在两时期模型中,表明人力资本积累才是维持经济持续增长的重要因素。在两商品模型中,专业化人力资本仅视为实践经历"干中学"的产物。专业化人力资本的积累取决于劳动者在专业生产某种商品上所用时间以及生产该产品的行业平均技术水平。当期人力资本积累可作为下一期的初始人力资本投入,因此"干中学"模型中专业化人力资本的积累是不断递增的。

(2)劳动力质量中包含劳动者的健康状态,因此,劳动力质量也反映了劳动者的行为能力,这种行为能力就是劳动生产效率。

一个体魄健康的劳动者,他在工作时的敏捷性、专注性都是整个生产过程劳动生产效率的体现。从这个角度来看,劳动力质量直接与经济增长相联系。

总体上看,劳动力质量对经济增长的作用过程如图2-1所示。

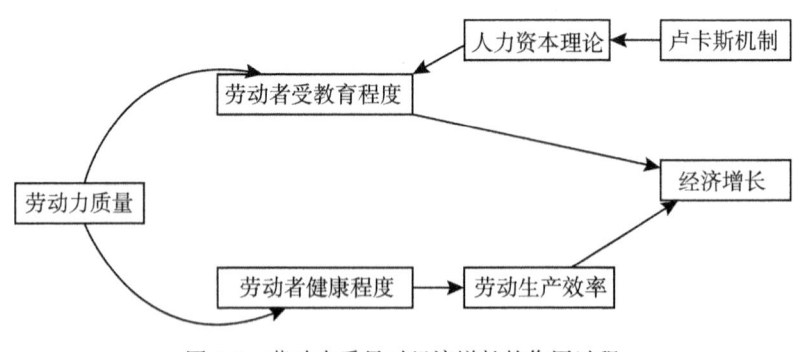

图2-1 劳动力质量对经济增长的作用过程

(三) 劳动力质量的度量分析

当前，人力资本测量的方法主要有三种，分别是成本法、未来收入折现法、指标法。成本法和未来收入折现法是以货币价值形式来衡量人力资本投资所带来的人力资本存量的增长；而指标法则是通过非货币的形式，近似地使用教育等指标来间接代表人力资本。

1. 成本法

成本法是从投入角度对人力资本进行测量。舒尔茨最早提出人力资本投资来自以下几个方面：普通教育、在职培训、成人教育、卫生保健投入以及迁移。用家庭的日常消费、耐用品消费和生产部分开支相加来综合计量人力资本。贝克尔在其基础上，增加了"机会成本"。国际上多采用永续盘存法（PIM）将过去所有的有关投资相加。钱雪亚（2008）强调人力资本的计算方法应与物质资本一致，理应也使用永续盘存法来估算人力资本存量。然而，成本法有一个基本假设，即劳动力靠获取知识、增加经验等方式积累的人力资本存量等同于劳动力在这些方面所进行的人力资本投资费用。该方法存在三点问题：一是费用投入对劳动力质量提升的有效转化比无法确定；二是在计算成本费用时，所包括的费用范围有待商榷。三是人力资本所投入的费用表现为货币，从长期看，存在通货膨胀而货币贬值的现象，这导致不同国家，即使是同一个国家不同时期之间的货币无法进行确切比较。用这种办法来衡量劳动力质量方面存在很多障碍和困难。

2. 未来收入折现法

未来收入折现法则是通过将未来预计的工资或者盈利分期折为现值，用货币的形式表示劳动力的人力资本存量。李海峥等（2010）使用Jorgenson-Fraumeni终生收入法对人力资本进行了测量，并研究了劳动力的人力资本对经济增长的影响。收入法的本质在于用未来收入折现来表示当前人力资本的存量。其有着一个内在的假设条件：在完全市场下，劳动力未来的收益能够完全由其当期的人力资本来反映。而未来收入折现法作为常见的几种人力资本存量估算方式之一，也同样存在很多的问题和缺陷。比如资本市场并非完全有效，未来收益并非能够线性的转化为当期收益；对未来收益是预估的，有着很强的主观性，估计可能存在偏差等。

3. 指标法

国内大多数学者采用指标法来对人力资本进行衡量，假设未来人力资本的形成主要是由所获教育积累的，多采用受教育年限指标来实现人力资本的度量。胡鞍钢（2002）就利用各教育层级人口占比来分析人力资本积累。单纯使用教育年限指标来进行分析也存在一定的缺点，初等教育与高等教育对人力资本积累的贡献可能是完全不一样的，不能视为线性关系。因此，刘智勇（2008）将教育分为初等、中等以及高等，分别研究其对人力资本的影响。随着研究的进一步深入，学者认为人力资本积累仅来源于教育这一观点也存在着漏洞，健康投资对劳动力质量的提高也有着显著的影响（刘国恩等，2004）。但是在如何对教育和健康形成综合指标来对劳动力质量进行度量的问题上，学者们并没有提出进一步的解决方案。

（四）劳动力质量评估体系构建

基于本章对于劳动力质量的定义，采取指数法来构建劳动力质量的评价体系。由于本章把劳动力质量定义为劳动者的受教育状况和劳动力身体状况两个部分，因此在指数构建上，将从教育和健康两个方面来构建一个综合的劳动力质量指数。

1. 劳动力质量总体评估方法

教育存量法是国内计量劳动力人力资本积累的常用方法，但其内在的计量范围局限性有待改进。舒尔茨对人力资本的定义中提到，人力资本投资包括教育、培训还有健康状况等。因此，本章在此基础上，依据数据可得性，在衡量教育的同时，对健康加以考虑，形成一个综合的劳动力质量指数，以此来表征劳动力质量的状态。

一般来说，对于多变量的综合指数的形成，在统计上通常使用算术平均或几何平均的方式（周德禄，2005）。本研究选择几何平均法，建立劳动力质量指数，其计算方程如下：

$$Q = \sqrt[\alpha+\beta]{E^\alpha \times H^\beta} \quad (2\text{-}1)$$

其中，Q 为劳动力质量，E 代表了教育投资，H 为健康投资，α 为教育投资对劳动力质量影响所占比重，β 为健康投资对劳动力质量影响所占比重。本章假定教育投资和健康投资对劳动力质量的提升同等重要，赋予一样的权重，即 $\alpha=\beta$。此时，劳动力质量的表达式为：

$$Q = \sqrt{E \times H} \quad (2\text{-}2)$$

在确立劳动力质量指数计算方式后，余下需要解决的是如何确定教育投资因子的问题和健康投资因子的问题。接下来分别就这两个问题进行阐述。

（1）教育因子的确定。

教育投资主要是采用了比较普遍的平均受教育年限指标，即将各个层级的教育年限依据人口数进行加权平均。用 p_i 表示受教育程度为 i 的人口数量，受教育程度为 i 的劳动力受教育年限为 w_i。$i=1$ 代表了文盲水平，此时 $w_i=0$；$i=2$ 代表学历为小学，$w_i=6$；$i=3$ 表示学历为初中，$w_i=9$；$i=4$ 代表了高中及中职文化水平，$w_i=12$；$i=5$ 代表了高职和大专文化水平，$w_i=15$；$i=6$ 表示学历为本科，$w_i=16$；$i=7$ 代表文化程度为研究生及以上，$w_i=19$。因此，平均受教育年限的计算公式为：

$$E = \frac{\sum_{i=1}^{7} p_i \times w_i}{\sum_{i=1}^{7} p_i} \quad (2\text{-}3)$$

（2）健康因子的确定。

张望（2011）提到政府医疗卫生支出能够有效保障居民基本健康水平，增加劳动力的健康人力资本积累，对经济增长有着正向促进作用。因此，本章利用公共财政支出中的医疗生支出费用来表征健康因子。

2. 因子的标准化处理问题

在确立了健康因子和教育因子的计算办法之后，由于健康因子和教育因子都属于带有量纲的变量,教育投资的单位是年份,而健康投资是以货币为计量单位,无法直接放入劳动力质量指数公式中进行处理。因此需要进行无量纲化的标准化处理。

在统计学上,进行无量纲化处理的手段一般是利用统计学上的极差来处理。基于这个规则,本研究采用极差的方式来对健康因子和教育因子进行去量纲的标准化处理。计算公式如下:

$$E = \frac{edu_{it} - edu_{min}}{edu_{max} - edu_{min}} \quad (2-4)$$

$$H = \frac{h_{it} - h_{min}}{h_{max} - h_{min}} \quad (2-5)$$

其中,edu_{it}为省份 i 在 t 年时的平均受教育年限。edu_{max} 和 edu_{min} 分别为平均受教育年限的最大值、最小值。同理,h_{it} 为省份 i 在 t 年时公共财政卫生医疗投资费用,h_{max} 和 h_{min} 分别为健康投资的最大值、最小值。

在对教育因子和健康因子进行标准化处理之后,依据本研究对劳动力质量指数的定义,就可以计算湖北省各年份的劳动力质量指数了。

五、湖北省劳动力质量的状态评估分析

通过对 2001—2015 年《中国统计年鉴》和《中国劳动统计年鉴》中湖北省受教育水平以及健康医疗卫生公共财政支出的相关指标数据进行统计分析,可以清楚地观测到湖北省劳动力质量的变化趋势。

(一)湖北省教育事业发展分析

湖北省在实施科教兴省和人才强省政策的驱动下,教育事业迅猛发展。财政预算内教育事业经费年均增长 25.8%,高于同期财政经常性支出的增长。2015 年,全省城乡免费义务教育全面实现当年全省有普通高中 532 所,在校学生 87.60 万人,中等职业学校 289 所,在校学生 36.49 万人;普通高校 126 所,在校学生 140.87 万人,在校研究生

11.7万人,国民受教育年限和人口文化素质得到明显提高。2015年全省15岁及以上人口平均受教育年限达到9.92年,位居全国前列。

湖北省学校数量和在校生数量见表2-1,它展示了湖北省教育发展的硬实力和软实力,其中,硬实力主要指由学校数量代表的教育规模,而软实力指湖北教育系统所能吸引的全部在校生人数总和。在表2-1中,普通高等教育的学校数即教学规模呈现稳步上升态势,而与此相应的是其在校学生数量也逐年上升,但总体来看,特别是自2009年以来,在校生人数的增长率小于学校数量的增长率,说明湖北省硬件教育设施得到了长足发展,并成为吸引越来越多学子来湖北省求学的重要因素之一,这一现状进一步促成我省迈入教育强省行列。就中等职业技术教育而言,学校数量和在校生人数呈现波动态势。然而与学校数量增长率上升趋势有所区别的是在校生人数在2011年显著下降,这意味着中等职业求学者有更多的学校上的选择。普通中学(含初中和高中)和普通小学的学校数和在校生人数受明显的现实驱动因素影响。众所周知,计划生育政策的实施使得人口在20世纪90年代中期达到峰值后至21世纪开始呈现明显回落趋势,这一趋势不可避免地减少了接受初等教育和中等教育的人群。

表2-1　　　　　　　　湖北省各教育程度学校数　　　　单位:所、万人

年份	普通高等学校		中等职业学校		普通中学		小学	
	学校数	在校生	学校数	在校生	学校数	在校生	学校数	在校生
2001	61	45.3277	190	21.5076	3331	382.4736	21522	628.048
2002	75	58.5023	168	18.8729	3295	416.6154	17994	579.993
2003	76	72.1513	390	32.4276	3305	441.4715	15746	528.1177
2004	85	89.2018	401	45.8459	3282	451.7196	14085	474.95
2005	85	101.2665	437	60.6014	3231	446.6879	12631	429.1881
2006	86	109.2274	455	79.9509	3198	435.8461	11422	391.3276
2007	86	116.3686	478	93.6192	3108	416.9098	10210	370.3434

续表

年份	普通高等学校		中等职业学校		普通中学		小学	
	学校数	在校生	学校数	在校生	学校数	在校生	学校数	在校生
2008	87	118.4915	470	103.7294	3098	393.4445	9863	360.7744
2009	120	124.9061	462	104.1759	3011	365.0102	9302	359.2629
2010	120	129.692	402	90.3834	2897	341.8299	8544	365.5512
2011	122	134.0298	413	72.0915	2787	320.8399	7749	377.3446
2012	122	138.6086	332	50.054	2622	265.2208	6614	326.7498
2013	123	142.1434	310	41.1194	2576	247.1869	5746	328.2579
2014	123	141.9699	301	37.2601	2552	229.4899	5513	321.1598
2015	126	140.8738	289	36.4893	2545	224.1286	5398	335.8095

资料来源：《湖北统计年鉴2016》。

表2-2是横向比较，即湖北省的状态在全国的位置。通过横向比较，湖北省普通高等教育变化的幅度在15年间很小；中等职业教育在前2年变化小，而在2003年这个转折年份之后呈现飞速发展态势，并在2011年达到8.50%，其成为湖北省占全国比例最大的教育层次。

表2-2　　　　湖北省各类学校数量占全国的比例（%）

年份	普通高等学校数量占全国比例	中等职业学校数量占全国比例	普通中学学校数量占全国比例	小学学校数量占全国比例
2001	4.9796	2.4353	4.1414	4.3809
2002	5.3725	2.2697	4.1153	3.9300
2003	4.8969	5.6993	4.1578	3.6976
2004	4.9105	6.1902	4.1514	3.5732
2005	4.7433	6.8037	4.1435	3.4491
2006	4.6063	7.4590	4.1693	3.3433
2007	4.5073	7.7209	4.1556	3.1900

续表

年份	普通高等学校数量占全国比例	中等职业学校数量占全国比例	普通中学学校数量占全国比例	小学学校数量占全国比例
2008	3.8445	7.6697	4.2492	3.2783
2009	5.2061	7.9587	4.2544	3.3200
2010	5.0891	7.6237	4.2058	3.3192
2011	5.0643	8.5049	4.1136	3.2120
2012	4.9959	8.0643	3.9296	2.8935
2013	4.9378	8.2846	3.7455	2.6910
2014	4.8636	8.1745	3.5615	2.7377
2015	4.9219	8.2296	3.3775	2.8332

资料来源：《中国统计年鉴2016》《湖北统计年鉴2016》。

通过对各教育年限的劳动力进行加权平均，计算出2001—2015年湖北省劳动力平均受教育年限，从图2-2中可以看到，由于政策推动与指引，湖北省劳动力的受教育年限基本呈现出稳步增长的趋势，由2001年的7.45年上升至2015年的9.92年，上涨33.15%。平均受教育年限的增加一方面是由于政府加大了对教育的财政投入，指引社会相关资源对教育事业的发展提供强有力的支持；另一方面，为减少教育资源严重倾斜，缩小农村和城镇地区劳动力教育水平的差距，政府部门对财政支出结构进行了积极的调整，加大农村教育事业的建设，优化教育资源配置，将义务教育普及到农村，使得教育更加均衡化，总体教育水平得到了提高。

(二) 湖北省健康投入情况分析

湖北省在医疗卫生事业上进行的投入见表2-3。表2-3显示，湖北省医疗卫生的财政支出从2001年的21.5亿元增长至2015年的515.25亿元，上涨了20多倍，平均每千人所拥有的医院床位数和平均每千人

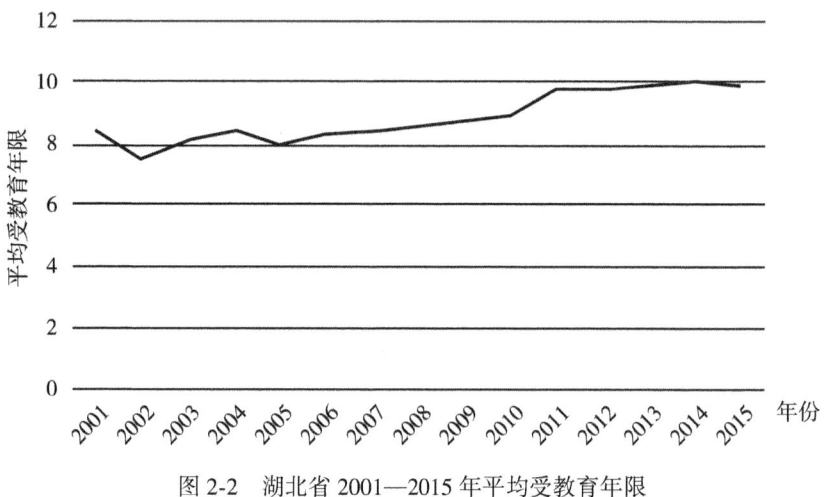

图 2-2　湖北省 2001—2015 年平均受教育年限

所拥有的医生数量,均在不断提升,足以看出湖北省对医疗卫生方面的重视。

表 2-3　　　　2001—2015 年湖北省医疗卫生情况

年份	卫生机构数（个）	卫生机构床位数（万张）	卫生机构人员数（万人）	每千人口医院床位数（张）	每千人口医生数（人）	医疗卫生财政支出（亿元）
2001	10941	14.62	29.48	2.18	1.72	21.5
2002	9946	12.72	25.3	2.12	1.43	22.36
2003	9983	13.59	25.62	2.26	1.45	24.25
2004	9285	13.78	26.06	2.29	1.49	26.37
2005	9459	13.96	26.22	2.31	1.49	31.16
2006	10052	14.24	26.53	2.35	1.49	44.97
2007	11089	15.06	27.8	2.48	1.52	66.11
2008	10832	16.73	28.63	2.75	1.52	95.08
2009	10362	18.72	29.45	2.82	1.54	139.24

续表

年份	卫生机构数（个）	卫生机构床位数（万张）	卫生机构人员数（万人）	每千人口医院床位数（张）	每千人口医生数（人）	医疗卫生财政支出（亿元）
2010	10152	20.07	30.4	3.06	1.62	179.13
2011	10455	22.4	31.3	3.89	1.67	247.3
2012	35423	25.3	38.71	4.1	1.77	267.99
2013	35633	28.85	41.45	4.97	2.06	322.08
2014	36084	31.83	44.35	5.47	2.19	401.32
2015	36173	34.38	47.55	5.87	2.32	515.25

资料来源：《中国统计年鉴2016》《湖北统计年鉴2016》。

（三）劳动力质量及经济发展情况

依据劳动力教育因子和健康因子计算的劳动力质量指数情况图 2-3 所示。从图 2-3 中可以看出，总体来说，湖北省的劳动力质量呈现逐步上升的趋势。

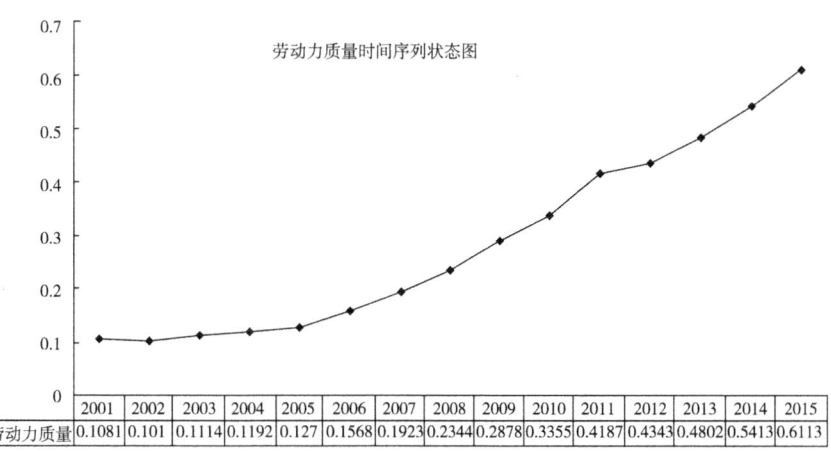

图 2-3　2001—2015 年湖北省劳动力质量

六、湖北省劳动力质量的影响因素实证分析

（一）模型的构建及相关理论基础

1. 基准模型建立

（1）理论模型基础。

根据经济增长理论，产出由外生的技术、物质资本投入以及人力资本存量决定，生产函数如下：

$$Y=AF(K, H) \tag{2-6}$$

由于劳动力异质性，受教育程度、工作经验、健康状况等因素的差异会导致劳动力的边际生产力不同，劳动力的人力资本存量除了观测劳动力数量之外，还应考虑劳动力质量，故劳动力的人力资本存量=劳动力数量×劳动力质量，即$H=L\times Q$。此时用Cobb-Douglas生产函数构建的经济增长模型如下所示：

$$Y=AK^{\alpha}L^{\beta}1^{-\alpha-\beta} \tag{2-7}$$

其中，A代表了外生的技术进步，K为物质资本投入，L为劳动力数量，Q代表劳动力质量。α、β、$1-\alpha-\beta$分别为物质资本投入、劳动力数量、劳动力质量对经济增长影响所占比重。

（2）实证模型

根据理论模型可知经济增长的增速g_Y为物质资本投入增速g_K、劳动力数量增速g_L以及劳动力质量增速g_Q的线性组合。为了回归结果的准确性，加入影响经济增长的控制变量，由此得到普通面板数据线性的实证模型为：

$$\ln Y=\alpha+\beta_1 \ln Q+\beta_2\ln K+\beta_3\ln L+\beta_4 ind+\beta_5 urban+\varepsilon \tag{2-8}$$

ind表示产业结构偏离度，表示了各产业中劳动力所占比重与该产业产值增加的合理化程度。产业结构的合理化会对经济增长有着促进作用（陆铭、陈钊，2005）。产业结构合理化发展能够将投入要素从低效率部门转向高效率部门，对资源进行有效配置，防止资源浪费以及产能

过剩等现象发生,使得产业结构处于一个相对均衡的状态,有效地满足市场需求。

urban 代表了城市化率,中国的经济存在二元结构,城市发展与农村发展不同步,大量的劳动力资源以及物质资源倾向于往城市聚集。一般来说,城市化率更高的地区经济发展水平越高(干春晖、郑若谷,2011)。城市化率越高意味着农村劳动力向城市转移,提高了城镇的劳动生产率,同时人口的增加也会刺激消费,促进经济增长。

(二) 数据及变量说明

本章选取了2001—2015年《中国统计年鉴》《湖北统计年鉴》以及《中国劳动统计年鉴》中湖北省的相关数据进行统计分析。

被解释变量为实际GDP的对数形式,主要解释变量为劳动力质量的对数形式,控制变量为对数形式的物质资本投入、对数形式的劳动力数量、产业结构偏离度以及城市化率。

各变量指标的具体计算方式及含义如表2-4所示。

表2-4 **各变量具体含义**

	变量符号	变量名称	变量含义及计算方式
被解释变量	$\ln y$	实际 GDP 的对数形式	先用GDP平减指数将湖北省各年名义GDP换算成以1978年为基期的实际GDP,单位亿元,然后取对数形式,用以表示经济增长的速率
主要解释变量	$\ln Q$	劳动力质量的对数形式	根据第三章的指标体系计算劳动力质量,然后取对数可得,代表劳动力质量的增速
控制变量	$\ln K$	物质资本投入对数形式	将固定资产投资总额(亿元)指标数据取对数,用来表示物质资本投资的增速
	$\ln L$	劳动力数量的对数形式	将第一、二、三产业的劳动力人数(万人)加总得到劳动力数量,再取对数所得,代表了劳动力数量的增速

续表

	变量符号	变量名称	变量含义及计算方式
控制变量	ind	产业结构偏离度	计算公式为 $ind = \sum_{i=1}^{n}\left(\frac{Y_i}{Y}\right)\ln\left(\frac{Y_i}{L_i}\bigg/\frac{Y}{L}\right)$，$Y_i$、$L_i$ 分别代表了第 i 产业的产值以及劳动力人数，Y、L 则代表了一、二、三产业的总产值及总劳动力人数，用来衡量各产业劳动力人口结构的合理程度
	urban	城市化率	计算公式为 $urban = \frac{P_u}{P}$，其中 P_u 为城镇人口数，P 为总人口数，衡量了湖北省的城市化程度

对上述变量进行描述性统计分析，可以得到表2-5中各变量的均值、最大（小）值等基础描述统计量。

表2-5　　　　　　　　　　各变量描述统计结果

变量	均值	标准差	最小值	最大值
lny	1.219	0.885	−1.775	2.382
lnQ	−1.622	0.750	−4.386	−0.164
lnK	8.179	1.251	4.422	10.766
lnL	7.467	0.918	4.839	8.800
ind	0.269	0.163	0.017	1.196
urban	48.21	15.42	20.85	89.60

（三）实证过程以及数据解读

1. 数据平稳性检验（单位根检验）

在运用时间序列计量模型对数据进行回归分析之前，为确保模型回归结果的准确性，首先要对各个指标数据进行单位根检验。若数据存在单位根，说明为非平稳序列，此时需要做差分使得数据平稳再进行回归，否则可能出现伪回归的现象。单位根的检验有多种方式，本章采用ADF检验，表2-6中结果显示所有变量均为不稳定变量，但经过一阶差分后，lnL在10%的显著性水平下拒绝原假设，为平稳序列，其余变量在5%的显著性水平下为拒绝原假设，不存在单位根，为平稳序列，可继续做后文的回归分析。

表2-6　　　　　　　　单位根检验结果

变量	ADF-Fisher	结论
$\ln y$	-0.865	不平稳
$\ln Q$	-0.659	不平稳
$\ln K$	-0.904	不平稳
$\ln L$	-1.748	不平稳
ind	-1.330	不平稳
urban	-0.544	不平稳
$\Delta \ln y$	-3.678**	平稳
$\Delta \ln Q$	-3.597**	平稳
$\Delta \ln K$	-3.748**	平稳
$\Delta \ln L$	-2.655*	平稳
Δind	-3.442**	平稳
Δurban	-3.190**	平稳

注：*代表了在10%的显著性水平下，**代表了在5%的显著性水平下。"Δ"表示一阶差分序列。

2. J-J 协整检验

根据协整的定义，若存在非零向量，使得这6个变量的线性组合是平稳的，那么这6个变量之间就存在协整关系。E-G两步法和Johansen-Juselius协整检验法是常用的，但由于E-G两步法在第一阶段需要设计线性模型进行OLS估计，应用不方便，故本章采用Johansen方法进行协整检验，结果如表2-7所示。

表 2-7　　　　　　　　Johansen 协整检验结果

序列	H0：rank = r *	特征值	迹统计量	5%临界值
lny、lnQ、lnK、lnL、ind 与 urban	r = 0 *	0.99254	166.2960	94.15
	r ≤ 1 *	0.99053	101.0640	68.52
	r ≤ 2 *	0.92963	63.9072	47.21
	r ≤ 3 *	0.89814	31.9287	29.68
	r ≤ 4 *	0.68973	15.5443	15.41
	r ≤ 5 *	0.45052	7.1613	3.76
	r ≤ 6	0.40042		

由表 2-7 可见，在 5%的显著性水平下，由迹统计量和最大特征根统计量可知 lny、lnQ、lnK、lnL、ind 与 urban 六个变量之间至少存在一组长期均衡关系，即序列 lny、lnQ、lnK、lnL、ind 与 urban 存在协整关系，故可以构建线性回归模型。然而，这种相关的作用是单向的还是相互的，还需通过格兰杰因果检验来进一步验证。

3. 格兰杰因果检验

为考察 lny 与其他五个变量之间是否存在单向或双向的因果关系，对六个变量进行格兰杰因果关系检验，结果如表 2-8 所示。

表 2-8　　　　　　　　Granger 因果检验结果

变量	原假设	F 统计量	结论
lny 与 lnQ	lny 不是 lnQ 的 Granger 原因	5.5506*	拒绝
	lnQ 不是 lny 的 Granger 原因	10.7280**	拒绝
lny 与 lnK	lny 不是 lnK 的 Granger 原因	2.2864	接受
	lnK 不是 lny 的 Granger 原因	10.6690**	拒绝
lny 与 lnL	lny 不是 lnL 的 Granger 原因	0.0172	接受
	lnL 不是 lny 的 Granger 原因	4.4230*	拒绝

续表

变量	原假设	F 统计量	结论
lny 与 ind	lny 不是 ind 的 Granger 原因	10.9010**	拒绝
	ind 不是 lny 的 Granger 原因	4.6022*	拒绝
lny 与 urban	lny 不是 urban 的 Granger 原因	23.3410**	拒绝
	urban 不是 lny 的 Granger 原因	4.3971*	拒绝

注：*、**、*** 分别代表了在 10%、5%、1% 的显著性水平下。

表 2-8 的检验结果显示，在 10% 的显著性水平下，lny 是 lnQ 的 Granger 原因，在 5% 的显著性水平下，lnQ 是 lny 的 Granger 原因；在 5% 的显著性水平下，lnK 是 lny 的单向 Granger 原因；在 10% 的显著性水平下，lnL 是 lny 的单向 Granger 原因；在 5% 的显著性水平下，lny 是 ind 以及 urban 的 Granger 原因，在 10% 的显著性水平下，ind 与 urban 均为 lny 的 Granger 原因。

4. 回归分析

在上述检验的基础之上，对数据进行回归分析。首先计算时间序列数据的自相关系数与偏自相关系数，结果显示第 1 阶自相关与偏自相关系数均在 5% 水平下显著不为 0，故分别考虑 AR（1）与 MA（1）模型。进而根据信息准则，AR（1）模型优于 MA（1）模型。由此可得回归结果：

$$\begin{aligned}\ln y =\ &21.5205 + 0.2178\ln Q + 0.0731\ln K + 2.9156\ln L - 0.0076\mathrm{ind} +\\ &(-3.38)\quad (2.23)\qquad (0.85)\qquad (3.42)\qquad (0.02)\\ &0.0068\mathrm{urban} + 0.1122\mathrm{AR}(1)\\ &(1.57)\qquad\quad (3.22)\end{aligned}$$

根据模型回归结果，在 5% 的显著性水平下，劳动力质量每增长 1% 将促进实际 GDP 增长 0.2178%，对经济增长有着显著的正向作用。一方面，劳动力质量的提高能够带动知识创新，增加劳动力的边际产出，从而有效地推动经济增长；另一方面，通过增加医疗卫生费用的公共财政支出来提高劳动力质量在某种程度上能够延长预期寿命，增加劳动时间，同时也可能减轻劳动力在医疗方面的支出负担，增加其他方面的消费以促进经济增长。上式结果所示,物质资本投入以及劳动力数量的增加对经济增长也有着正向作用,固定资产投资总额每增加1%会带动经济增长0.0731%,劳动力数量增长对经济增长的贡献率为2.9156%。虽然产业结构偏离度的贡献为负,但并不显著。城市化率的提高使得农村劳动力向城镇迁移,增加了城镇的劳动供给,促进了消费,对经济增长有着正向作用。

七、结论及政策建议

(一)主要研究结论

本研究利用构建的劳动力质量指数,分析了2001—2015年湖北省劳动力质量的情况及其与经济增长之间的作用关系。根据相关文献研究,在柯布-道格拉斯生产函数中加入劳动力质量指标,分别考察了普通面板数据的实证回归分析,探寻了劳动力质量对经济增长的贡献率。

在湖北省劳动力质量与经济增长的关系中加入了物质资本投入、劳动力数量、产业结构偏离度、城市化率等控制变量,回归结果显示,劳动力质量对经济增长有着显著的正向作用,劳动力质量每增加1%会促进经济增长0.2178%。在1%的显著性水平下,劳动力数量对经济增长的贡献率为2.9156%。物质资本每增长1%会促进经济增长0.0731%,但结果并不显著。

综上所述,在目前劳动力数量增长幅度有限、边际产出递减的情况下,通过提高劳动力质量来促进知识创新提高劳动生产率,从而推动经济增长是一个值得考虑的有效途径。

(二)政策建议

据中国社会科学院人口与劳动经济研究所预测,中国总人口将在2026年左右出现拐点,劳动年龄人口占比持续下降,人口老龄化日益加重,"人口红利"即将转变为"人口负债"。在此背景下,单纯依靠资本投入以及劳动力供给输出来刺激经济增长已不再现实。通过提升劳动力质量来带动劳动生产率的增长，使得劳动力结构与产业结构需求相匹配，同时推动技术创新才是促进经济增长的必要之举。基于此，本章提出以下政策建议。

1. 从教育层面提升劳动力质量

教育是劳动力质量的一个重要组成部分，是劳动力进行人力资本积累的关键因素。通过基础教育和技能培训能够使劳动力具备基本的生产技能，而高等教育能够在此基础上更多地进行知识输出与知识创新，有利于推动技术开发研究。结合当前湖北省的经济发展和教育事业现状，其教育体制和制度还存在一些需要改善之处。

（1）完善多层级教育衔接体系。

教育体系包含了学前初等教育、中高等教育以及职业教育等。党的十八大以来，政府重视教育事业的发展，将教育放至优先发展的地位。目前湖北省的义务教育已基本普及，中高等教育也在逐步扩招。湖北省的教育普及度已达到一定的高度与广度，但是就目前而言，不同层级的教育内容与教育目的仍存在着断层。职业教育未受到足够的重视，且职业教育与初等教育、中高等教育之间的衔接不够畅通。初高等教育主要侧重于学生理论知识的积累而职业教育则更为注重动手能力以及知识在实践中的运用。本应该相辅相成的两种教育制度之间却存在着一定的隔阂。

鉴于此，湖北省的教育结构应当做适当的调整，加强不同层级教育制度之间的沟通与联系，调整不同阶段的教育目标，建立一个完善的、相互衔接的多层级教育体系。初等教育除了注重理论知识的学习，更需要培养学生的动手能力以及有关知识迁移性的思考，将实践能力列为考察评估的一个方面。高等教育在进行专业设置方面，理应多结合实际生产情况及社会所需，与职业教育相融合，开设与产业结构发展相一致的课程，调整专业培养方案以及培养机制，与企业更多地进行沟通交流，使得知识创新能够更好地在产业发展中得以运用。

（2）均衡化教育资源，完善人力资本回报机制。

目前的义务教育虽得到了普及，但教育资源仍存在不均衡的情况。湖北省内不同城市的教育资源不均、城乡之间教育资源相差较大，这导致了"学区房""借读费"等现象出现。教育资源的不均衡同时也会导致劳动力质量分布的不均，从而使得各市的经济发展水平不均衡，存在着恶性循环的情况。同时，湖北省存在人力资本回报机制不完善、人力资本外流严重的问题。湖北省每年劳动力输出量巨大，尽管湖北省有近百所高等学校，包括7所"211工程"院校，但由于人力资本回报机制不完善，以至于每年高等学校毕业生省外就业偏多，而吸引外省毕业生前来就业的能力较弱。

因此，为了解决教育不均以及人才吸引机制不完善的问题，湖北省政府应出台详细的具有吸引力的人才引进措施，加大本省人才引进的力度，有效增加省内劳动力质量，同时加大对农村地区的公共财政教育费用的支出，兴办学校，完善教育设施，进一步鼓励优秀的教师资源前往教育水平较低的地区支援。在此基础上，通过政府政策引导，鼓励学龄儿童就近入读学校，避免生源争相跨地区就读从而造成本地资源的浪费。教育资源的均衡发展能够改善劳动力质量的分布情况，从总体以及均衡度上完善劳动力质量，使得劳动力质量能够匹配社会生产所需，最大化劳动生产率。

（3）加强职业教育培养。

相比于德国的"双元制"职业教育对具备操作技能水平的专业化人才的培养，中国的职业教育遭受了众多负面的眼光，许多家庭会认为孩子成绩不好，考不上高中或大学才会送去职业学校学一门技术。殊不知职业教育将理论知识运用于实践，对劳动力质量的提升有着很大的帮助。基于此，湖北省政府应当加强职业教育培养，摒弃陈旧观念，在职业教育的过程中，不单单教授操作技能，同时更多地教授专业知识，鼓励职业学校学生创新发展。增强职业教育与企业之间的合作，与企业达成一致的人才输送培养体系，使得职业教育培养的劳动力质量结构能够更加契合产业结构的需求，最大化地发挥职业教育对劳动力质量的提升。

(4) 推动研究创新在实际生产中的运用。

目前湖北省知识产权存在量多质低的情况。高校的科研成果无法很好地适用于企业生产。其主要原因在于，高校研究所的科研项目以及专利成果以学术论文为主，科研工作者未能实地进入企业，了解专利项目在实际应用中可能产生的问题。这就导致了大量的科研成果仅停留在理论研究阶段，知识创新没有带来真正的技术革新，从而提高劳动生产率。

针对此现象，本章认为可从以下几个方面来推动研究创新在实际生产中的运用：第一，加强政策导向，通过政府给予财政以及资源的扶持，鼓励相关科研团队将研究成果付诸现实，并成功运用到企业的批量生产之中。第二，强化高校与企业之间的沟通交流，让科研人员实地深入企业内部，了解真实需求以及实际运用中可能遇到的问题，创造出更有实践意义的科研成果，同时也要鼓励企业走进高校，创办一系列创新比赛活动等，汲取新的想法与突破点，将之融入企业的生产中去。第三，促使一些企业与高校形成产业链接平台，将资源共享、人才共享，驱动企业进行技术创新。

2. 从医疗卫生健康保障层面提高劳动力质量

健康状况代表了劳动力的身体素质，良好的健康状况能够延长劳动力的预期寿命，增加劳动时间，同时也能够提高劳动生产率，从而促进经济增长。因此，加强劳动力的医疗卫生保健是增强劳动力质量的有效途径。

(1) 完善医疗卫生服务体系与社会保障制度。

2003—2013 年是公立医院发展迅猛的十年，医院的数量、床位数以及受诊人数都呈现几何级的增长，医疗服务机构数量总体上有所提升。但是目前湖北省仍面临着医疗资源分配不均的问题，主要的医疗资源集中在省会城市及周边地区。并且基层医疗设施以及医疗服务资源匮乏，农村地区的医疗诊所只能解决基础病症，疑难杂症仍需跨院、跨地区治疗，优质的医疗服务资源分布不均。《"十三五"国家医学中心及国家区域医疗中心设置规划》提出建立一些医学中心专攻疑难杂症，为其区域内的医院提供技术支持,但这仍不能完全改变医疗卫生资源匮乏的现状。

针对医疗卫生服务体系的建设问题,本章有以下几点建议:第一,通过政策导向支持城镇具有较高医疗水平的医院派驻经验丰富的医生到区镇医院,指导教学、传授经验,加强村镇地区医院的执业人员的技术水平。第二,加大对村镇医院的医疗卫生器械投入,从基础设施建设上改善农村的医疗卫生服务水平,保障农村地区劳动力质量,缩小城乡间医疗资源的不均等。第三,政府加强对百姓的教育与引导,鼓励患者先就近寻医,如遇重大疾病无法治疗再去市区的大医院就诊。此举能够使得乡镇地区的医疗资源得到充分利用,同时也能够缓解市区医院的病患压力,将资源进行合理配置。

(2)改善医疗保障制度体系。

当前的基本医疗保障体系对农村居民来说报销比例相对较低,农村劳动力患重大疾病后仍需支付大笔的医疗费用,增加了家庭负担,农村劳动力的身体健康水平得不到保障。与此同时,大量农村劳动力迁入城镇务工,由于中国的"二元经济结构",城镇与农村医疗保障制度存在一定的壁垒,许多进城务工的劳动力不能享受到医疗带来的福利,遭遇重大疾病时也只能拖着回到老家治疗,耽误了病情,从一定程度上影响了劳动力质量。

鉴于此,本章认为应当改善医疗保障制度体系,将新型农村合作医疗保险与城镇居民基本医疗保险进行合并,形成统一的城乡居民医疗保险制度体系,消除城乡间的差异,为劳动力迁移提供健康保障方面的支持。此举能够有效地提高劳动力的身体健康素质,增强劳动力质量,对地区经济发展有着良好的促进作用。

(3)提倡全民健身,增强全民身体素质。

2016年国务院颁布了《全民健身计划(2016—2020年)》,要求各级政府加强宣传,督促全民健身,加大公共健身器械的财政支出,逐渐培养和提高全民健身的意识。湖北省政府应积极响应国家政策，提倡全民健身，有效地提高劳动力的身体素质。健康的体魄在一定程度上能够延长预期寿命，通过鼓励全民健身将促使劳动力质量进一步提高。当前，社会压力越来越大，劳动者在工作压力下常忽视身体健康，容易出现糖尿病、"三高"等疾病，国民身体素质下降。因此，此举措应当长期坚定地实施。

◎ 参考文献

[1] 陈井安，王学人. 人才红利效应与中国经济持续增长 [J]. 经济学动态，2012（5）：33-36.

[2] 钞小静. 城乡收入差距、劳动力质量与中国经济增长 [J]. 经济研究，2014（6）：30-43.

[3] 程剑鸣. 中国转变经济增长方式与劳动力质量的均衡分析 [J]. 学术研究，2007（6）：51-55.

[4] 邓友平. 劳动力质论 [J]. 中南财经政法大学学报，1983（2）：29-33.

[5] 付宇. 人力资本及其结构对中国经济增长贡献的研究 [D]. 吉林大学学位论文，2017：145.

[6] 干春晖，郑若谷. 中国产业结构变迁对经济增长和波动的影响 [J]. 经济研究，2011（5）：4-16.

[7] 郭辉. 人力资本质量对区域经济增长收敛性的影响 [D]. 吉林大学学位论文，2017：58.

[8] 胡鞍钢. 从人口大国到人力资本大国：1980-2000 年 [J]. 中国人口科学，2002（5）：1-10.

[9] 蒋萍，田成诗，尚红云. 人口健康与中国长期经济增长关系的实证研究 [J]. 中国人口科学，2008（5）：44-51.

[10] 李伟. 论劳动力质量必须同生产资料的性质相适应规律 [J]. 经济问题, 1986 (9): 62-64.

[11] 李燕. 湖北省城乡收入差距、劳动力质量与经济增长实证分析 [J]. 湖北省文理学院学报, 2016, 37 (2): 77-83.

[12] 李海峥. 基于人力资本的劳动力质量地区差异 [J]. 中央财经大学学报, 2015 (8): 72-80.

[13] 李海峥. 中国人力资本测度与指数构建 [J]. 经济研究, 2010 (8): 42-54.

[14] 刘智勇. 异质型人力资本对经济增长的作用机制检验 [J]. 数量经济技术经济研究, 2008, 25 (4): 86-96.

[15] 刘国恩. 中国的健康人力资本与收入增长 [J]. 经济学 (季刊), 2004, 4 (4): 101-118.

[16] 梁润, 余静文, 冯时. 人力资本对中国经济增长的贡献测算 [J]. 南方经济, 2015 (7): 1-14.

[17] 陆铭, 陈钊. 论中国区域经济发展的两大因素和两种力量 [J]. 云南大学学报 (社会科学版), 2005 (4): 27-38.

[18] 倪超, 孟大虎. 人力资本、经济增长与空间溢出效应——基于中国1978—2015年省级面板数据的实证研究 [J]. 北京工商大学学报, 2017, 32 (6).

[19] 钱雪亚. 中国人力资本水平再估算: 1995—2005 [J]. 统计研究, 2008, 25 (12): 3-10.

[20] 王永治. 必须充分重视劳动力质量的提高 [J]. 北京大学学报, 1980, 17 (5): 22-27.

[21] 魏伟. 企业异质性、劳动力质量与国际产业转移 [J]. 宏观质量研究, 2016 (12): 11-20.

[22] 吴贵明. 福建省劳动力质量分析与对策 [J]. 福建论坛, 1999 (1): 42-45.

[23] 谢文静. 深圳外来劳动力质量随机调查与思考 [J]. 特区经济, 2008 (11): 43-44.

[24] 尹典. 中国人力资本存量及其对经济增长的影响实证研究 [D]. 吉林大学学位论文, 2017: 225.

[25] 杨建芳, 龚六堂, 张庆华. 人力资本形成及其对经济增长的影响——一个包含教育和健康投入的内生增长模型及其检验 [J]. 管理世界, 2006 (5): 10-17.

[26] 杨汉祥. 提高劳动力质量的几个问题 [J]. 北京成人教育, 1983 (11): 16-17.

[27] 叶连友. 关于提高中国人口质量和劳动力质量的问题 [J]. 人口学刊, 1981 (3): 48-51.

[28] 姚增福. 农村劳动力质量对规模农户生产效率影响研究 [J]. 中国农业资源与区划, 2016, 37 (3): 135-142.

[29] 余长林. 人力资本投资结构与经济增长——基于包含教育资本、健康资本的内生增长模型理论研究 [J]. 财经研究, 2006: 10.

[30] 周德禄. 基于人口指标的群体人力资本核算理论与实证 [J]. 中国人口科学, 2005 (3): 56-62.

[31] 张望. 财政支出结构、人力资本积累与经济增长 [J]. 产业经济研究, 2011 (2): 77-86.

[32] 张车伟. 营养、健康与效率——自中国贫困农村的证据 [J]. 经济研究, 2003: 1.

[33] 张霞英. 提升劳动力质量的紧迫性及其途径 [J]. 经济管理与干部教育, 1991 (3): 26-29.

[34] Arora. Health, Human Productivity and Long-term Economic Growth [J]. The Journal of Economic History, 2001 (3): 699-749.

[35] Boyan Jovanovic, Rafael Rob. The growth and diffusion of knowledge [J]. The Review of Economic Studies 1989, 56 (4): 569-582.

[36] Ehrlich, Isaac Fraccis, T. Lui. Intergenerational Trade, Longevity and Economic Growth [J]. Journal of Political Economy, 1994, 5: 1029-1059.

[37] Edward Fulton benison. The Sources of Economic Growth in the United States and the Alternatives before Us [M]. New York: Committee for Economic Development, 1962.

[38] James K. Galbraith. The New Industrial State [M]. Princeton: Princeton University press, 2007.

[39] Kuznets, Simon Smith. Capital in the American Economy: Its Formation and Financing [M]. National Bureau of Economic Research, Incorporated, 1961.

[40] Knox, A. B. Proficiency theory of adult learning [M]. Contemporary Educational Psychology, 1980.

[41] Mehta M. Human Resource Developing Planning: With Special Reference to Asia and the Far East [M]. The Macmillan Company of India Limited, Delhi and Bombay, 1976.

[42] Paul. M. Romer. Endogenous Technological Change [J]. Journal of Political Economy, 1991, 98: 71-102.

[43] Rey S J. Spatial Empirics for Regional Economic Growth and Convergence [J]. Geographical Analysis, 2001, 33 (3): 195-214.

[44] Robert E. Lucas. On the mechanics of economic development [J]. Journal of Monetary Economics, 1988, 22: 3-42.

[45] Solow, Robert M. Technical Change and the Aggregate Production Function Review of Economics and Statistics [J]. 1957 (39): 312-320.

[46] T. W. Schultz. The Value of the Ability to Deal With Disequilibria [M]. Journal of Economic Literature, 1975.

[47] Thomas A. Stewart. Intellectual Capital: The New Wealth of Organizations [M]. Nicholas Brealey Publishing, 1997.

[48] Weisbrod B. A. The Valuation of Human Capital [J]. The Journal of Political Economy, 1961 (69): 425-436.

[49] Yang X, Borland J. A Microeconomic Mechanism for Economic Growth [J]. Journal of Political Economy, 1991, 99 (3): 409-436.

第三章 湖北省老年人口就业的因素影响研究

一、引　　言

与中国社会开始进入老龄化社会相一致，当前的很多数据都显示，湖北省开始进入老龄化社会。湖北省2015年1%人口抽样调查数据显示，在2015年11月1日零时，湖北省5851.5万常住人口中，0~14岁人口为879.5万人，占15.03%；15~64岁人口为4326万人，占73.93%；65岁及以上人口为646万人，占11.04%。与2010年第六次全国人口普查相比，0~14岁人口比重上升1.12个百分点，15~64岁人口下降3.07个百分点，65岁及以上人口比重上升1.95个百分点。在国际上，一般把一个国家或地区65岁及以上人口比重超过7%或60岁及以上人口比重超过10%定义为老龄化社会，按照这个准测，从湖北省"第五次人口普查""第六次人口普查"和2015年"1%人口抽样调查"数据来看，湖北省在2000年的"第五次人口普查"、2010年的"第六次人口普查"、2015年"1%人口抽样调查"中65岁及以上人口比重分别达到6.31%、9.09%、11.04%，接近或超过7%，而且随着时间的推移，65岁及以上的老年人口在总人口中的占比都超过了10%。说明湖北省已经事实上进入了老龄化社会。

在经济学理论中，一般认为，劳动人口的老龄化对经济增长是极端不利的，因为要发展经济，必须有资源或者劳动力的投入。劳动力老龄化会引发劳动力市场中劳动投入不够，经济的增长往往难以持续，并且在古典经济学和新古典经济学中,有很多模型对这个结论进行了理论构架和实证分析。依据湖北省老龄办发布的数据,2018年湖北省常住人口中60岁及以上人口可能突破1200万,占比超过20%,湖北开始步入中度老龄化社会,有加速老龄化的趋势。依据经济学的基本理论,湖北省劳动力的这种状态对于发展经济是极端不利的。

然而,从另外的角度来看,对于社会的发展和进步,无论是学术和还是实践都必须与时俱进,而不能故步自封。尽管经济学理论把劳动力的投入作为经济增长的必要条件,认为如果劳动力数量投入不够的话,会对经济增长造成实质的影响。但是这个模型的重要问题是,对于劳动力数量的投入,没有对劳动力质量进行区分。经济增长的问题不仅仅取决于劳动力的数量,还取决于投入经济系统中的劳动力的质量。发展经济如果没有高素质的劳动力的投入,经济增长的效率和效果还是要打很大的折扣。

基于这个视角来考察湖北省的劳动力,我们会发现尽管湖北省现在开始进入老龄化的社会,但是这些老龄化的人口,并不纯粹是消费型的人口,他们其实也是高质量的生产型人口。他们在经济增长过程中,还是具有很多的优势,这些优势使得我们对于老龄人口本身需要进行重新考察。导致我们必须重视老年人口的原因在于:

(1)老年人口本身是一个一直在变化的变量,现代技术条件下的老年人口需要重新定义。在古代,食物不足和健康的因素造成人类的预期寿命只有40多岁。但是随着医疗技术的发展和食物的丰富,人类的预期寿命已经达到了70多岁。国家卫健委发布的《2017年中国卫生健康事业发展统计公报》报告显示,2017年,中国内地人均预期寿命由2016年的76.5岁提高到76.7岁,提高了0.2岁。按照世界卫生组织(WHO)公布的2016年各国(地区)平均预期寿命排行榜来看,日本的人均寿命全球最高,达到了83.4岁。中国香港地区和瑞士人均寿命分别是82.8和82.3岁,澳大利亚和意大利人均寿命81.9岁,挪威和新加坡人均寿命81.1岁,韩国人均寿命约为80.6岁,美国则是78.5岁,越南人均寿命为75.2岁,泰国人均寿命为74.1岁,俄罗斯人均寿命为 68.8 岁，印度和巴基斯坦人均寿命为 65.4 岁。总而言之，现代世界各国人口的预期寿命几乎都超过了 70 岁。这造成必须对老年人口年龄的划分标准进行重新定义。事实上，在日本和其他国家，都在普遍性推迟退休。在世界银行公布的劳动力数据中，一直把 64 岁以下的人口作为工作人口。而中国目前以男性 60 岁、女性 55 岁退休作为老年人口的划分标准，这种做法降低了劳动力人口的数量。也就是说，中国的老年人口划分标准中的老年人口在现代意义上讲，有一部分不能彻底算是老年人口。

（2）现代科技的进步使得目前的老年人口在精力、精神、体格、行为等方面不具备传统老年人口的特征。在传统上，老年人口一般用老态龙钟、步履蹒跚、体力和精神都萎靡不振来形容。但是事实上，随着科技进步，各种健身、保健、营养的跟进，现代老年人精神矍铄，思考力、创造力和行为能力并没有出现非常严重的下降。他们表现出来的精神和行为能力，是一种高素质的劳动力。

（3）老年人口是宝贵的人力资本财富。在精神状态上，有一部分老年人依然保持着创造性和工作的积极性，并且愿意参与到社会经济生产中来。由于过去长期的工作积累，老年人口都有着丰厚的人际关系和社会资本积累，这种社会资本是一种宝贵的人力资本，老年人口的社会资本要比年轻人的社会资本大很多。此外在知识技能、学识、见识等方面，老年人口所具有的丰度和广度都是年轻人无法比拟的。

（4）事实上，有相当多的老年人口愿意参与到工作中去，实现老有所养和老有所乐，他们参与社会工作的主要目的并不仅仅是获取物质上的报酬，更多的是为了实现自我的精神需求。把这些老年人口当成社会的负担和弱势群体并不合时宜。从最大限度地扩大就业的角度来讲，提高劳动力资源的利用效率本身就包括对高素质老年人口劳动力资源的合理开发和利用。

鉴于上述研究背景，此章节对湖北省老年人口就业的影响因素进行研究，有助于分析影响老年人口就业的因素，进而找到合理的对策和措施，充分开发老年劳动力的潜能，在实现老年人口自身价值的同时，满足经济增长过程中对于劳动力投入的需求。

二、文献综述

通过对中国期刊网、万方数据库、维普数据库等学术检索机构的检索，老年人口就业的相关研究主要聚焦于如下方面：

（1）老年人口就业的意义研究。这类研究从中国人口年龄结构变化的趋势出发，发现了中国劳动力数量投入面临劳动力老化和不足的困境，进而提出了老年人口参与就业的意义等方面的研究。这些研究让老年人口就业的问题开始浮现，具有研究方向开拓的意义。一般认为中国的相关研究是从1982年联合国召开的第一届老龄问题世界大会开始的。邬沧萍指出应当积极应对快速老龄化的问题，制定正确的策略和目标，同时要鼓励老年人积极投身社会主义建设中去发挥余热。熊必俊认为要走出"老年人就业会挤占年轻人就业"的误区，注重老年人才资源的开发和利用。

（2）学者们对于影响城市老年人口再就业的因素也进行了探索。陈贵富（2016）认为老年人口再就业的影响因素包括人口学因素、居住地特征、宏观经济指标三个方面，并通过 probit 模型对这三个因素进行了实证分析，基本结论是老龄人口再就业受到当地经济发展、就业环境等多方面因素的制约。于丽（2016）认为，家庭结构是影响老年人口再就业的主要因素。计划生育政策的实施，使得中国家庭的规模与结构发生显著变化，家庭养老的负担日益加重，越来越多的老年父母退休之后选择再就业。龚红（2016）认为除性别外，年龄、健康状况、受教育程度、专业技能水平都对老年人再就业状态有显著影响。张川川（2015）根据2002—2009年城镇住户调查，对城镇职工退休人口就业行为进行了分析。研究表明，退休人口的年龄、文化程度、婚姻状况和养老金收入等个体特征，家户规模、家庭人均生活消费支出等家庭特征，以及城市失业率等宏观经济变量，都对退休人口的再就业行为有显著影响。钱鑫等（2010）对中国60周岁及以上的城市老年人就业意愿的影响因素进行了研究。他们运用 Logistic 回归检验发现，年龄、健康状况和经济状况等对就业意愿具有统计学意义的影响，受教育水平对就业意愿没有统计学意义的影响。

在国外，对于老年人口就业的因素问题也进行了很多的计量研究。例如，Cahill 在 2011 年利用美国健康养老调查数据，把年龄、健康、养老金收入水平等变量作为自变量，分析其对再就业决策的影响。他发现养老金模式影响了再就业决策，拥有确定给付型养老金的人群再就业的比例高。他对这个计量结果的解释是，选择确定给付型养老金的人需要考虑到养老金投资收益风险，为了抵抗金融市场不确定性风险，老年人口更倾向于参与就业。Gannon 和 Roberts（2011）对英国和冰岛两地老年人在"全职—兼职—退休"之间决策的影响因素进行了分析，结果发现教育程度、婚姻状况、健康状况都对老年劳动者在这三种决策的选择造成显著影响。Peterson 和 Murphy（2010）认为影响老年劳动者劳动决策的因素有两个，即老年人自身的生产能力、老年人被青年劳动者和管理制度接纳的程度。Gielen（2007）认为，在英国，影响老年人口再就业的主要因素是英国劳动力市场的工作时间限制。

这些研究从不同的角度对老年人口就业的相关问题进行了分析，当然具有其合理性。但是这些研究中，也存在着数据来源不同引发的结论之间相互冲突的问题。此外在变量的选择上，由于存在地区和国家之间的差异性，即使是同样一个变量，在不同研究中的效果也存在着显著的不同。

就湖北省特定的地域而言，湖北省老年人口的就业受到哪些影响因素，在当前的研究中鲜有涉及，鉴于这个原因，本研究将对湖北省老年人口的受影响因素进行实证分析，并依据实证分析的结论提出相应促进老年人口就业的老有所养、老有所乐、老有所依的对策和措施。

三、湖北省老年人口就业受影响因素机制分析

作为一个框架分析模型，老年人口的就业受推力和拉力因素的影响。

(一) 推力因素分析

在推力方面,养老资本不足和家庭供养模式的动摇是推动老年人就业的主要原因。

与发达国家相比,中国老龄化的显著特征是未富先老。国家养老金水平不高且覆盖面有限,养老金支出的财政压力较大,老年人口养老的可持续保障受到挑战。中国在从现收现付制度向基金制度转移,制度转型导致过去现收现付制度中的个人账户在基金制度之下处于空转状态,形成了现今养老制度的财政缺口。

同时,在家庭养老方面,由于中国过去40年长期的计划生育政策,社会人口有从一个正的金字塔结构逐步转变为倒金字塔结构的倾向,表现为第一代独生子女政策时期的父母开始步入老年,"421"模式成为主流的城市家庭模式。这种结构依靠子女来进行养老,使得年轻的工作人口承受着巨大的经济压力。传统家庭养老模式的根基受到动摇,家庭为老年人提供经济保障和生活照顾的功能不断削弱。这些都造成了当前的老年人口也必须在退休金之外去寻找新的经济来源。特别是体制外的老年人口,更加依赖于在就业市场上找到新的工作岗位来实现财务的收支平衡。

(二) 拉力因素分析

拉力方面主要是老年人口自身素质所决定的对于工作追求。它是由于老年人口自身的人力资本和现代劳动技术方式的变革引发的。

在老年人口的人力资本方面,平均受教育年限普遍提升和健康状况的改善都意味着当代的老年人更有能力去完成劳动任务;人均寿命的提高既是健康状况改善的表象,又客观上延长了老年人参与劳动的时间潜力。

在现代劳动技术变革方面,由于AI、人工智能、虚拟技术、柔性生产等的广泛采用,现代生产过程和产品设计阶段已经可以完全分离。而老年人口长期的工作经验,更加适应于产品的研发。现代劳动时间和空间部门之间的分离使得现代劳动呈现出灵活性和多样性，为老年人口找到适宜自己特点的岗位提供了出路，老年人口在工作方面具有更加广阔的选择权，这种技术上的变动提高了老年人口就业的工作积极性，成为拉动老年人口就业的重要影响因素。

（三）老年人口就业影响机制框架图

综合以上分析，老年人就业影响机制的框架可以用图 3-1 表示。

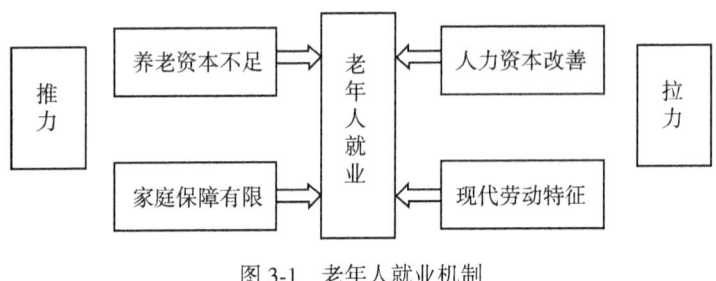

图 3-1　老年人就业机制

四、湖北省老年人口就业影响因素的实证分析

（一）实证分析的数据来源及其基础判断

为了对湖北省老年人就业的影响因素进行实证分析，本章采用了北京大学国家发展研究院中国经济中心提供的 CHARLS（中国健康与养老追踪调查）2015 年调查资料数据来进行。

该数据库具有一定的客观性、可靠性和权威性，并且在不同的研究中作为研究的支撑材料。

结合该数据库的变量特点和湖北省老年人口就业的影响因素框架分析，本研究认为影响老年人就业的主要变量包括：老年人年龄、性别、受教育程度、家庭抚养比等。在前述老年人口就业影响因素机制分析的基础上，本研究有如下判断：

判断一：年龄越大，参与再就业的概率越低。

这一假设在老年人的生理特征与再就业的选择之间建立联系。年龄可能从两个方面影响老年人再就业：一是再就业的能力，一般认为年龄越大，对应的身体和精神状况越差，严重影响劳动供给；二是再就业的意愿，老年人口内部有年龄组别的划分，通常越高龄段的老年人参与社会再生产的积极性越低。

判断二：人力资本越高，参与再就业的概率越高。

人力资本对再就业可能同时存在正负两种效应。一种可能是，人力资本越高，退休前物质积累越多，保障充足，再就业的意愿可能越弱；另一种可能是，高学历人群可能拥有更多实现自我价值的意愿，且人力资本越高，再就业越容易获得高回报。本章倾向于后一种观点，认为人力资本对再就业有促进作用。

判断三：身体越健康，老年人参与再就业的概率越高。

这一假设比较容易理解，身体健康这一条件为老年人继续参与社会活动提供了必要基础，同时也给他们更多机会作出自己的选择。

判断四：家庭负担越重，老年人参与再就业的概率越高。

家庭中的少儿占比越高，劳动力的抚养负担越严重。这一情况下，家庭中的老年人口不但自身无法颐养天年，还要反过来帮助子女照顾孙辈，或从经济上提供补助。

判断五：退休前身份是干部的老年人再就业的概率更高。

与退休前身份为群众的老年人相比，退休前身份为干部的老年人可能有更高的就业概率。首先，干部身份通常意味着较高的社会地位、较强的工作能力、更突出的实现自我价值的需求，这些都是老年人提供劳动的有利条件；其次，干部身份的老年人可能比普通群众拥有更多退休后再就业的途径，比如在非营利机构任职，继续发挥余热。综上，本章认为退休前身份会影响老年人再就业的决策，且干部身份对再就业起促进作用。

判断六：在老年人群体中，男性可能比女性更倾向于就业。

传统的社会性别角色理论为"男主外，女主内"的观念赋予了理论依据，尽管在现代社会这一观念被逐渐刷新，在年长的群体可能仍然保留着这一态度，女性更倾向于留在家里照顾家庭；此外，由于生理特征，男性老年人同样比女性老年人拥有更多从事基础劳动的优势。综上，在老年人群体中，男性就业的概率可能高于女性。

判断七：有基本养老保险的老年人再就业的概率更低。

参加基本养老保险意味着享有基本养老保障，经济和心理负担更低，因此本章认为与未参保的老年人相比，参保的老年人再就业的概率更低。

（二）模型设定与变量处理

本研究采取 Logit 二元离散选择模型来对上述判断进行实证分析。

其中因变量是老年人口的就业，这个变量是个离散变量，用 0 和 1 来表示老年人的不就业和就业。

根据前述判断中的影响因素，本实证分析的自变量见表 3-1。

表 3-1　　　　　　老年人口受影响分析变量状况

变量类型	指　　标
因变量	老年人口的就业
自变量	年龄（age）
	健康状态（health）
	受教育水平（education）
	性别（gender）
	退休前的身份（status）
	领取养老金的状态（pension）
	抚养系数（dependency）

从 CHARLS 问卷中提取可利用的问题并处理成相关变量。设定模型为：

$$Employment = \beta_0 + \beta_1 \cdot X$$

数据包中原本有约两万个数据，经过各种缺失数据的删除，提取湖北省有关的数据合计 516 个样本。利用 stata 进行数据处理，其最终运行的结果如图 3-2 所示。

```
Logistic regression                              Number of obs   =       516
                                                 LR chi2(7)      =     55.45
                                                 Prob > chi2     =    0.0000
Log likelihood = -120.28483                      Pseudo R2       =    0.1873
```

employment	Coef.	Std. Err.	z	P>|z|	[95% Conf. Interval]	
age	-.2467529	.0499288	-4.94	0.000	-.3446116	-.1488943
education	-.1117025	.0485779	-2.30	0.021	-.2069134	-.0164916
gender	-.5884458	.3614475	-1.63	0.104	-1.29687	.1199783
status	-.1557005	.4382664	-0.36	0.722	-1.014687	.7032858
health	.4793265	.1858186	2.58	0.010	.1151286	.8435243
pension	-.0702024	.1755412	-0.40	0.689	-.4142043	.2737994
dependency	.1653904	.1802188	0.92	0.359	-.1878321	.5186128
_cons	15.03012	3.389615	4.43	0.000	8.3866	21.67365

图 3-2　Logit 模型回归结果

（三）数据的解读

age 指的是年龄，它的回归系数是 -0.2468，表示随着年龄增大，人们越来越不倾向于再就业，且这项结果在千分之一的水平上显著。这一结果是比较可信的，首先对老年人而言，年龄的增大意味着智力与体力状态的下滑，就业意愿减弱，更倾向于含饴弄孙、颐养天年；其次，传统的家庭与社会观念也为高龄老年人再就业设置了一定舆论障碍，即便没有，可接纳高龄老年人工作的企业也少之又少。因此年龄与就业呈负相关，这与现实状况以及我们的一般期望相一致。

health 表示健康状况，从图 3-2 可以看出，老年人自评健康状况每上升一个等级，就业系数增加 0.4793，且该项在 1% 的水平上显著。这一点也比较容易理解，如果健康状况较差，老年人不仅自身无法正常参与社会活动，还需要家人或机构提供照顾；而身体健康的老年人可能延续了退休前的精神状态，在体力与智力方面与青壮年相差不大，也更容易在市场上觅得合适工作发挥余热,实现"老有所为"的价值。

　　education 指的是受教育水平,系数值为 -0.1117,在 5% 的水平上显著。本章的结果表明,受教育程度越高的老年人越不倾向于再就业,这与前文提到的假设产生了矛盾。可能的原因是,在本研究中,人力资本的收入效应高于其替代效应,即人力资本较高的老年人在退休前有更多的财富积累,经济压力小,退休后有更多样的选择比如娱乐、旅游、照顾孙辈等。而在现实生活中的就业越来越多地体现为脑力劳动,在科技教育、医疗卫生等领域许多老专家、教授仍在专业领域耕耘不懈,表现活跃,这与本章的实证结论相悖。可能的原因是,尽管社会给予了高度关注和赞扬,老年科教工作者只占庞大的老年人群体中的极少数,不能代表普通老年人在再就业选择中表现出的规律。

　　gender 表示性别,系数为 -0.5884,不显著。这一结果显示,女性比男性再就业的概率更高,原因可能是:由于劳动力市场上的政策,女性的平均退休年龄较低,很多女性不愿过早退休;由于男性与女性先天的差异,女性劳动者承担脑力劳动或轻体力劳动的可能性比较高,实际完成工作的能力并未随着退休年龄的到来而发生明显减弱;同时,女性的平均寿命高于男性,这意味着女性的退休期远远高于男性,因此再就业的意愿可能更为强烈。

　　status 表示退休前身份,系数为 -0.1557,不显著。由于变量处理时用 1 表示干部,0 表示工人,结果说明退休前是干部的老年人再就业的概率略低。可能的原因是,干部身份通常意味着更高的社会地位和财富储备,退休后也享受较好的社会保障,不必奔忙于生计;同时,干部身份的老年人可能遵循了更严格的退休政策,也从客观上限制了再就业的选择。

　　pension 表示领取养老金的情况,系数为 -0.0702,不显著。由此可见越是没有参加(或领取)政府机关、事业单位或企业职工基本养老保险,老年人再就业的概率越高。可以解释为,参加基本养老保险意味着一定的保障,越是缺乏这种基本保障,老年人越倾向于通过再就业缓解家庭负担,以避免"老无所依"的情况。

dependency 表示 16 岁以下的子女数，系数为 0.1654，不显著。可见家里有越多的未成年子女，即"少儿抚养比"越高，老年人再就业概率越高。通常当家里有未成年子女时，家里老年人会相应在照顾孙辈和外出工作中作出抉择，本章的结果显示老年人选择后者的可能性略高。

五、政策建议

湖北省老年人口就业的实证分析的结论为我们进行政策制定提供了一定的依据。中国老龄化的严峻形势使得合理开发老年人口再就业成为刻不容缓的任务，经济发展需要有老年人口再就业作为劳动力投入的补充，老年人口知识、经验的重新使用也可以满足其自我实现的需求。鉴于此，针对老年人口再就业的基本状态以及目前面临的问题，本研究认为，促进老年人口再就业的可行的对策和措施包括：

（1）社会需要重新检讨和认识老年人口再就业的价值，培养对老年人口再就业的容许度和接受度。

在当前社会，排斥老年人口就业的观念比较盛行，可以总结为三类：第一类是"老年无为论"。中国自古以来便存在老而无为的观点，社会主流认为老年人应当"安度晚年""含饴弄孙""颐养天年"。第二类是"老年无用论"。传统的农业国中，人们的生产、生活都依靠老人的言传身教，老年人由于控制着稀缺资源并拥有文化知识因而具有较高的地位。现代化社会中技术日新月异，知识的淘汰速度极快，老年人掌握的传统知识在一段时间后就被淘汰，而相比年轻人对新事物的接纳能力差，因此难以适应社会变化，再就业时面临窘境。第三类是"老年人挤出青年就业论"。在中国，反对延迟退休的声音强调延迟退休使岗位的新老交替无法完成，使就业形势恶化，尤其是使每年以数百万计涌入劳动力市场的大学生面临更少的就业机会。

事实上，老年人口通过自身的劳动获取收入报酬，降低了年轻人的赡养负担，并实现了老有所乐，这些意味着社会福利的增加。社会、家庭、企业以及老年人自身对老年人再就业的认识都对老年人再就业有重大影响,创造友好的再就业环境有赖于和谐的舆论氛围,这就需要各个主体充分意识到老年人再就业的重要意义。

针对"老年无为论",应当指出这是一种落后的观点,任何人无论其身份都具有劳动的权利。同时,老年人通过再就业可部分获得经济或精神上的满足。随着社会的发展,老年人的精神需求将日益凸显其重要性,"老有所为"将得到更多的关注。应当着力消除社会环境的不利因素给有意愿再就业的老年人及其家人带来的舆论制约,提高社会主流对老年人口再就业的接纳程度。

针对"老年无用论",应当指出老年人自身的贡献及优势不应被年老否定。从自身生理状态来看,年龄的增加不可避免地带来身体机能的衰老,老年人作为劳动者的能力与中青年劳动者相比大大地减弱了。尽管如此,完全否定老年人口作为劳动力的价值及贡献,或坚持老年人需要他人照料、无法完成劳动任务的刻板印象是缺乏理性思考的。同时在不断变化的劳动力市场、加快的老龄化背景下,老年人体力和智力的下降可以部分地用积累多年的技能经验来弥补。这一点可以用拥有专业技术的老年科教工作者退休后成为企业求之不得的"香饽饽"佐证。

针对"老年人挤出青年就业论",应当指出这是种未被证实的观点。再就业的老年劳动力动了青年就业的奶酪吗?学者意见不一,有的坚持"老人挤出新人",也有的认为老年人再就业不会对青年就业产生负面影响,甚至可能有正面作用。事实上,当前也有些研究成果,例如张川川在2014年的研究得出了老年人口就业会提高而非抑制年轻人就业的结论。

(2) 推广退休返聘制度。

法定退休年龄作为一项重要的社会经济政策,受到经济发展水平、人口老龄化进程、就业与劳动力市场、财政和社会保障财务状况等因素影响。在社会生产力发展、人口预期寿命延长的条件下,退休年龄偏低,会使得一部分具有劳动能力的老年人过早地被排除于劳动力市场。与世界其他国家相比,中国的老龄人口退休时间偏早。2013年经济合作发展组织（OECD）国家出生人口平均预期寿命为80.5岁，多数国家法定退休年龄不低于65岁且男女同龄退休，其中芬兰、墨西哥、荷兰、西班牙、英国等国家自20世纪40年代至今法定退休年龄一直是65岁。而中国男性法定退休年龄60岁、女性50岁、女干部55岁的规定是1978年批准通过的，其时中国人口的预期寿命不足67.8岁；到2015年，中国人口的预期寿命已经达到76.3岁。由此看来，不论是与历史阶段纵向比较还是与发达国家横向比较，中国退休年龄都较低。尽管目前人力资源与社会保障部门已将延迟退休提上日程，但这项政策影响巨大，需要谨慎落实，目前暂不能实现。在这种情况下，对老年人力资源的开发和使用可以退休返聘为出发点。

为应对由人口老龄化、高龄化带来的社会问题，许多国家主动制定和实施了鼓励老年人再就业的退休返聘政策制度。退休返聘政策制度指受雇佣者已经到达或超过法定退休年龄，通过订立合同契约继续作为人力资源存续的行为或状态。从国际政策环境来看，美国1967年出台的《雇佣年龄歧视法》和1972年的《公平工资法》，日本1995年的《高龄社会对策基本法》，以及英国2004年的《雇佣关系法》，都致力于限制和排除各种妨碍老年人就业的社会因素。各国以法律形式确保其公民终生享有劳动的权利；歧视高年龄段求职者属于违法行为；社会应为老年劳动者提供恰当的给付水平，保证其能过上健康充实丰富的生活。除了强制性的法律规定之外，一些成熟的返聘经验也值得借鉴，如建构专门的社会服务体系，开发促进老年人就业项目，鼓励老年人积极参加返聘，调整老年人家庭关系等。

（3）建立老年人口再就业的支撑服务体系，完善法律制度和中介服务体系，促进老年人口的再就业。

具体措施包括：

①建立和完善老年人口再就业相关的法律规章制度，出台积极老龄化的政策引导，创造有利于老年人再就业的社会氛围。开发老年人力资源是一个政策性很强的问题，既要调动他们参与社会经济发展的积极性，又需要严格的法律法规予以保障。《中华人民共和国老年人权益保

障法》规定,"国家应当为老年人参与社会主义物质文明和精神文明建设创造条件",同时"老年人参加劳动的合法收入受法律保护",明确指出老年人拥有继续就业的权利,其劳动所得报酬合理合法。尽管如此,由于没有与之配套的法规,广大老年人再就业的权利无法落实。任何行为都需要以法律制度为基础,积极老龄化也需要一套完备的法律制度保驾护航。

②要建立科学完善的老年人再就业的中介服务体系,为有意愿和能力再就业的老年人提供完善的信息咨询服务。人才中介要建立在公开信息制度的基础上,提供时效性强、可信度高的劳动力供求关系;结合市场需求和老年人兴趣特长,为老年人提供自主择业的机会,提供就业指导。与青年就业相似,基于市场需求和自身能力的差异,老年人再就业也可以有多种形式和渠道。适合老年人从事的职业可分为公益型、教育型、福利型、市场型等。中介市场可引导老年人利用自身工作经验和技术,找到适合自己的职业,发挥特长;或根据适合老年人创业的行业鼓励其创业。早在1998年,中国财政部和国家税务总局联合发出"关于对福利企业实行税收优惠政策"的通知,明确指出对老年人创办的福利企业采取税收优惠政策。然而现实中老年人创业却在严苛的贷款申请年龄限制前碰壁。

③基于不同老年人的特征为其设计再就业计划。比如对于轻龄健康老年人,可鼓励其参与公益组织为其他高龄老年人提供服务。公益互助组织是老年人实现自助、互助和他助的重要载体,是中国传统单位制度弱化以后老年人获取服务养老资源和利益传输的重要渠道。对于具有专业知识、技术的老年知识分子,可考虑将其作为一种特殊人力资源进行专门的开发管理。鼓励其进入组织管理系统以便更好地发挥专业特长,比如老年科技工作者协会、老年社区志愿者协会、老年体育协会等社团组织,以"自我组织、自我管理、自我教育、自我服务"为主,进行科学的组织管理和规范的制度管理。

④建立信息库,实现对老年人口的大数据管理过程。鼓励老年知识分子完成在信息网络数据库的注册登记。市场中介系统为其提供市场需

求信息和双向咨询服务,定期举办老年人才市场招聘会,为供求双方牵线搭桥,为老年知识分子参与社会发展创造条件。

◎ 参考文献

[1] 蔡昉. 人口转变、人口红利与经济增长可持续性——兼论充分就业如何促进经济增长 [J]. 人口研究, 2004, 28 (2).

[2] 王树新, 杨彦. 老年人力资源开发的策略构想 [J]. 人口研究, 2005, 29 (3).

[3] 穆光宗, 张团. 中国人口老龄化的发展趋势及其战略应对 [J]. 华中师范大学学报 (人文社会科学版), 2011, 50 (5).

[4] Maestas N. Back to Work [J]. Journal of Human Resources, 2010, 45 (3): 718-748.

[5] 程杰. "退而不休"的劳动者: 转型中国的一个典型现象 [J]. 劳动经济研究, 2014 (5).

[6] Brenda Gannon, Jennifer Roberts. Part-time work and health among older workers in Ireland and Britain [J]. Applied Economics, 2011, 43 (30): 4749-4757.

[7] Peterson C L, Murphy G. Transition from the labor market: older workers and retirement [J]. International Journal of Health Services, 2010, 40 (4): 609.

[8] Gielen A C. Working hours flexibility and older workers' labor supply [J]. Oxford Economic Papers, 2007, 61 (2): 240-274.

[9] 陈贵富, 苗馨月. 中国老龄人口劳动参与、就业问题经验分析——基于 CHNS 面板数据 [J]. 中国经济问题, 2016 (3).

[10] 于丽, 马丽媛, 尹训东, 等. 养老还是"啃老"?——基于中国城市老年人的再就业研究 [J]. 劳动经济研究, 2016 (5).

[11] 张川川. 城镇职工退休后就业行为: 基本事实和影响因素 [J]. 劳动经济研究, 2015 (3).

[12] 宋宝安,于天琪.城镇老年人再就业对幸福感的影响——基于吉林省老年人口的调查研究[J].人口学刊,2011(1).

[13] 杨燕绥.老龄人口、公共服务和绿色就业[J].中国就业,2011(3).

[14] 田香兰.日本老年人雇佣政策及其对中国的启示[J].日本问题研究,2012(3).

[15] 朱正威,刘慧君,肖群鹰.中国退休返聘公共政策环境分析[J].西安交通大学学报(社会科学版),2005,25(2).

[16] 贾国年.老年人的再就业与晚年生活[J].人口研究,1994,18(2).

第四章 湖北省农村劳动力供给的因素影响研究

一、研究背景和意义

（一）研究背景

仔细反思中国改革开放以来经济增长的过程，我们会发现中国经济增长中非农劳动力资源的不断投入，其贡献功不可没。然而，这类非农劳动力由于自身受教育水平和受户籍限制等影响因素，更多处于次级劳动力市场，假如剔除通货膨胀的影响，他们的工资长期变化不大甚至处于有所下降状态。这种工资和劳动供给反向变动的现象无法用主流经济学来进行解释。

作为农业剩余劳动力数量相对庞大的湖北省，农业剩余劳动力对经济系统的投入是促成湖北省经济增长的重要因素，但是劳动力的工资和劳动力供给之间的反向变动问题，其实对经济的发展并不是有利的，因为随着工资水平的提高，实际劳动力供给的数量是下降的。这种状态之下，非农劳动力的收入水平是下降的，也就是说，经济增长是以非农劳动力生活水平的下降为基础的。这种状态对非农劳动力而言，非常不公平。

但是这个问题只是理论上的分析，对于实际的状态，需要进行一系列实证分析进行验证。

基于这种背景，本研究以湖北省非农劳动力所受影响因素为题对相关问题进行研究,从而从实证的角度对非农劳动力供给和工资水平的状态进行计量,在对以往的经典劳动供给理论进行梳理和总结的基础上,对湖北省农村劳动力总体、农村男性和女性劳动力群体、不同受教育程度的农村劳动力群体的非农劳动供给的微观影响因素进行了细致研究,一方面验证本章提出的相关理论模型。另一方面,为探索增加湖北省劳动力供给的政策措施提供线索,以便更好地增加劳动力市场的劳动力供给,从而推动湖北省经济增长。

(二) 研究意义

本研究的意义在于:

(1) 理论意义。劳动力是经济增长过程中的重要因素,劳动力的供给影响着经济增长的潜力。一方面,劳动力通过产生消费需求来促进经济增长,另一方面,劳动力充当商品生产过程中的生产要素的提供者,以及利用积累的人力资本推动科技创新,最终推动经济的持久增长。经典劳动供给理论利用收入效应和替代效应的整体作用推导出了向后弯曲的劳动供给曲线,当工资增加时,替代效应整体上大于收入效应导致劳动供给增加,随着劳动者的工资增加到一定水平,闲暇成本增加使得收入效应大于替代效应,从而导致劳动供给减少。然而,中国农村劳动力非农劳动的供给状况和经典劳动供给理论是相违背的,中国农村劳动力更多处于工资低、待遇差的次级劳动力市场,其劳动供给行为和初级劳动力市场上的劳动供给行为不一样。因此,对该问题进行分析和研究可以为当前理论分析不足部分提供的有益补充,丰富了劳动力供给理论。

(2) 实际应用价值。微观视角可以更准确、更贴近现实地分析湖北省农村劳动力的非农劳动供给行为,准确地把握对农村劳动力非农劳动供给行为产生影响的具体因素,有针对性地为增加农村劳动力的劳动供给、促进经济增长提出相关的建议。改革开放四十多年来,中国经济的快速增长离不开农村源源不断的劳动力供给。当前,经济转入新常态,经济增速逐渐放缓,与此同时也面临很多紧迫问题,国未富而人口红利难以为继,部分年龄段劳动力数量实质性减少,人口老龄化的程度深入,民工荒的问题日益凸显,如何为未来经济发展提供充足的劳动供给是值得引起关注和思考的。中国农村非农劳动力一直是中国劳动力供给的主要来源,但是经历了40多年的演进,今天中国农村非农劳动力的状态已经不同于改革开放初期的劳动力供给,对于现今中国农村劳动力供给的微观行为进行分析,尤其是有针对性地对湖北省的农村劳动力供给进行分析,可以更深入地理解其特征和影响因素,进而挖掘出劳动力供给的潜力,推动湖北省农村非农劳动力供给的增加,为湖北省经济增长作出贡献。

二、文献综述

(一) 国内外研究现状

通过对文献研究,本研究发现当前关于农村劳动力供给有关的研究主要关注点在如下几个方面:

1. 国外最低必须支出限制下的劳动力供给研究的现状

国外关于劳动供给的研究时间早并且理论成熟。经典的劳动供给理论一般认为劳动供给曲线是向右上方倾斜的,也就是说,劳动供给的数量和工资的变动是同向的,对于劳动供给曲线向右下方倾斜的现象,相关学者也进行了研究。在非洲、马来西亚、印度、菲律宾以及美国等地区的一些实证研究都证实了劳动供给曲线向右下方倾斜的现象(Berg,1961; Huang, 1976; Sharif, 1991; Dessing, 2002; Dunn, 1978)。针对该现象,国外学者较早就开始注意到并从不同的角度进行了解释。有些学者认为该现象是由于劳动者的非理性产生的,而非理性的形成和劳动者因为低收入形成的贫穷文化相关(Berg, 1961; Lewis, 1966; Huang, 1976)。有些学者将该现象产生的原因归为当地缺少对应的消费机会(Schultz, 1970)。Sharif(1991)从弹性的角度对该问题进行了深入分析,认为低收入水平的劳动者,其消费对闲暇的替代弹性不足

1，工资增长导致消费对闲暇的替代弹性变大，也即收入效应较之于替代效应更大，使得劳动者的劳动供给减少，形成工资和劳动供给负向变动关系。Altman（2001）从目标收入的角度对该问题进行了分析，当劳动者工资增加时，其目标收入也会相应增加，但是当劳动者工资减少时，目标收入的刚性特征使得目标收入很难减少，为此，劳动者必须增加其劳动供给，这样才能获得目标收入，这也就形成了劳动者的劳动供给反向变动于工资。

2. 国内最低必须支出限制下的劳动力供给研究的现状

国内对于向右下倾斜的劳动供给曲线的研究较晚，最早对其进行研究的是学者郭继强（2005）。其首先指出中国作为最大的发展中国家，研究劳动供给需要考虑最低必需支出的限制条件。其基于最低必需支出的限制条件对劳动供给模型进行推导，得出斜率为负的劳动供给曲线，并对进城务工人员群体做了分析，证实了进城务工人员的劳动供给反向变动于其工资。后续的学者在此基础上对相关研究进行了细化，付廷臣（2007）通过调查数据验证了中国存在向右下方倾斜的劳动供给曲线。罗小兰（2007）对不同性别的劳动力群体的劳动供给进行分析，也发现了不同性别的农村转移劳动力群体的劳动供给曲线符合向右下方倾斜的特点。夏怡然（2010）则发现以往学者的研究是基于必需支出不变的假设条件，当放松了该假设条件，提出了可变必需支出的概念时，得出劳动供给曲线拐点下的进城务工人员的劳动供给与工资率之间存在反向的变动关系。周清杰（2004）从劳动力市场分割的角度对该现象进行了研究，通过假设次级劳动力市场上的进城务工人员处于两种极端状态，并进行分析然后得出一般的结论，当次级劳动力市场上的进城务工人员都是"得过且过型"的，也就是说工作只是达到维持自身生存的工资水平的目标，那么当工资增加时，就会降低劳动供给，其劳动供给曲线是向右下方倾斜的；反之，如果次级劳动力市场上的进城务工人员群体全是"勤劳型"的，其劳动供给曲线因其缺乏弹性的劳动供给而变成垂直的，而实际上，大多数人处于这两种类型之间，也就是说大多数进城务工人员的劳动供给曲线的斜率是负的，最后其也用现实中的现象来检验。

(二) 国内外研究现状评述

综上所述，国外学者基于不同的角度对向右下方倾斜的劳动供给曲线进行了研究分析，有其合理性，但对于国内的相关研究也存在着一些缺陷，表现在：

(1) 当前的研究更多是一种宏观总体的分析，得出的结论反映社会的一般规律，对于某些特定群体和个体上存在严重与事实不符合的情况，鲜有涉及。无论是国内的研究还是国外的研究，当前关于劳动力供给曲线规律的研究都是从宏观总体上进行分析，得出的结论也只是反映宏观的基本趋势。这种情况没有考虑各个国家发展状态和进程的不同，从而导致在某些具体领域，可能存在与一般劳动力供给规模描述不一致的状态。相对来说，经典的劳动供给模型更多的是给我们提供一种分析问题的整体性的框架，但是针对具体的群体、具体的问题我们要结合具体情况来分析。

(2) 由于实证数据采用过程中，指标选取和数据取样的不同，在当前的实证领域的研究中，有些结论存在一些相互冲突的问题。要能够科学和合理地描述事件，需要基于各种无争议性数据进行有关的研究，但是当前研究者的一些研究基于自身的调查数据进行，这些数据往往并不能够提供足够的信服力，引发研究结论的可靠性受到质疑。

基于上述两种考虑，上述国内外研究的缺陷为本研究提供了研究的立足点。本研究将对中国劳动力市场上一个相对较小的细分市场，湖北省农村劳动力非农劳动力进行研究，发现其中与一般劳动力供给曲线表现上的异同，由此构建自己的分析问题框架，并对这个框架进行检验，发现影响这个框架的因素，进而提出解决湖北省劳动力供给不足的政策建议和对策，为湖北省经济的增长服务。

在数据选取上，本研究采用的数据是中国家庭收入项目调查数据 (CHIP 调查数据) 中的湖北省的数据。该数据库涉及的内容有就业、收入、劳动者其他方面的特征等信息。这个数据的好处是，农村及城镇的数据都有。城镇每年家庭的数据大约有 6800 户，人数大约为 20000 人。农村每年家庭的数据大约有 9200 户，人数大约有 38000 人。更加主要的是，该数据库是中国统计局农调总队主导进行的社会调查数据，其权威性和可靠性不容置疑。

三、研究技术路线

本研究的研究技术路线包括四个环节：

一是对最低必需支出理论的演变进行梳理、考察，对经典的劳动供给模型进行分析研究，考虑农村劳动力的特点，在经典劳动供给模型加入相关的假设条件进行适当的修改，构建符合农村劳动力群体的劳动供给模型。

二是初步对 2013 年中国家庭收入调查（CHIP）中的湖北省农村住户的数据进行处理，整理出非农劳动供给变量和相关的影响因素的变量，并对劳动力整体做简单的描述性统计分析。

三是利用构建的劳动供给模型进行实证分析。具体来说，根据整理出的劳动供给变量和相关的影响因素的变量，以农村劳动力的受教育程度为门槛变量对不同受教育程度的农村劳动力群体利用门槛模型来对影响其劳动供给的因素进行非线性分析。

四是从农村劳动力整体、农村男性和女性劳动力群体以及不同受教育程度等角度对实证分析结果进行解释，根据实证结果针对性地提出政策建议，为政策制定和理论研究提供支持。

四、最低必需支出含义及其演变

（一）古典经济学中最低必需支出的含义

最低必需支出的思想由来已久，早期就有相关理论中含有生存工资、糊口工资、最低生活费用的说法。威廉·配第在其著作《赋税论》

(1662)中就有涉及最低必需支出的想法,给劳动者的工资应该以其最低程度的生活资料作为标准,因为如果给劳动者的工资增加一倍,那么他们劳动供给就会少提供一半,而如果工资低于这个标准,劳动者无法维持基本的生存,如果这样做的话,那么将会没有持久的劳动供给。配第在《爱尔兰的政治解剖》(1672)中也明确提出,工资是劳动者由达到"为了生存下来、提供劳动以及传宗接代"的目的所需的基本生活资料决定的。这就是最低必需支出的含义。这也反映了当时资产阶级想从劳动者的廉价劳动中获得好处以维持竞争的需要。

重农学派的一些代表人物(弗朗斯瓦·魁奈和安·罗伯特·雅克·杜尔阁)和配第的想法类似,认为工资是劳动者维持其生存所必需的生活资料。杜尔阁在著作《关于财富的形成和分配的考察》(1766)中提到,因为雇主可以从一大群人中挑选劳动者,所以雇主会尽可能地压低工资,以此选用接受最低价格的劳动者,因为劳动者之间的竞争使得劳动者必须接受这一价格。当然,杜尔阁在分析工资问题时一定程度上含有了自由竞争的原则。

亚当·斯密认为"劳动的自然报酬或自然工资由劳动生产物所构成"。斯密具体指出,在原始社会时,一个劳动者的所有劳动生产物构成其工资;后来当出现财产私有制、土地私有和资本积累,劳动者只有自身的劳动,劳动者的工资只是其劳动生产物的一部分,剩下的以地租和利润的形式由地主和雇主所拿走。也就是说劳动者的工资取决于劳动者和雇主之间的竞争。劳动者一方希望能多得到,雇主另一方却希望少给出,双方都想为自己的目的的实现而联合,然而劳动者数量多,团结起来比较困难,雇主的数量较少反而团结起来比较容易。同时,当时的法律限制为了抬高劳动价格而进行联合的行为,但对雇主联合起来降低工资的行为却不限制,所以,相对来说雇主占据有利的地位。但这并不是说劳动者的工资可以随意降低而没有标准,斯密指出劳动者靠劳动过活,那么工资必须维持其基本的生活,并且一定程度上需要有所超出,这样才能使得劳动者赡养家庭、传宗接代而维持劳动力的供给(斯密,1776)。关于最低必需支出,斯密认为包含食物、衣服和房子。

大卫·李嘉图在前人理论基础上进一步提出了劳动的自然价格和社会价格，并且在考虑马尔萨斯人口理论后认为劳动的社会价格会逐步趋向劳动的自然价格。劳动的自然价格是指维持劳动者自身及其后代基本能够生存下去的价格，具体包含自身及其家庭所必需的食物、必需品、享用，这和斯密的想法有所差别，可见最低必需支出在不同时期有所变动，具有一定的历史性。李嘉图认为，如果劳动的社会价格高于劳动的自然价格，那么劳动者的生活境况会变好，能够获得更多的必需品、享用品，在一定程度上可以供养更多的后代，这反而增加了劳动者的数量，通过劳动者之间的竞争使得工资降低到劳动的自然价格上。当然，当劳动的社会价格低于劳动的自然价格时，劳动者的生活将变得困苦，其需要减少享受和必需品，并且一定程度上也会减少其所赡养的后代，那么劳动者的数量将会减少，当减少到一定程度或者雇主对劳动的需求增加时，劳动的社会价格将会重新上升到自然价格上（李嘉图，1817）。长期来看，人口自然增长率会使劳动的社会价格逐渐接近其自然价格，也就是最低必需支出水平。

后来的理论倾向认为工资是劳动者的最低必需支出水平，拉萨尔（1862）更是将其称为铁一般的工资规律。拉萨尔认为，在劳动力供给和需求规律下，工资是由如下的铁一般的工资规律决定：劳动者的平均工资停在维持自身生存和繁衍后代所必需的生活资料水平上。实际工资不会长久的高于该水平，那样将会使得劳动者数量增加而导致工资下降；也不会长久的低于该水平，因为这会使得劳动者因贫困而减少劳动者的数量最终使工资重新回到这一水平。

(二) 马克思观点下的最低必需支出含义

马克思对于工资和最低必需支出之间关系的认识是一个变化的过程。早期，马克思也将劳动的自然价格和社会价格区分开，劳动的自然价格就是最低工资，而社会价格会受经济周期和劳动供需变动等因素围绕自然价格波动，不断向自然价格趋近。而自然价格或者说最低工资就是劳动者维持自身生存的同时并一定程度上能够繁衍后代的一些物品，而对于这些物品的最低支出水平就是最低工资。

马克思分析最低工资基于种属的角度，认为最低工资包含维持劳动者自身生存和后代延续两方面的费用，但其是由整个种属决定，不是由个人决定。随着大机器社会的来临，机器的普遍使用，分工的不断深化，反而使得劳动在一定程度上变得简化，女工人逐渐替代男工人、非熟练的工人逐渐替代熟练的工人、农村劳动力逐渐替代城市劳动力，并且劳动者之间的竞争不再局限于地区的约束。机器的应用及分工的深化使得工人之间的竞争在降低自身劳动价格的同时还增加了自身的工作量，现在一个人就可以做两个人的工作量，工资反而更大程度地下降。

1850年以后马克思不再认为平均工资等同于最低工资的看法，其想法也发生了巨大的变化：

一是认为劳动不同于劳动力，并且在研究中放弃使用最低工资术语，而使用和发展了最低限度的工资。马克思认为，工人出卖自身的劳动力，劳动能力的平均价格反映的是其自身劳动能力的价值，也就是说劳动能力的价值是平均工资，也即最低限度的工资，但这个最低限度不是生理上的最低限度，而是劳动者一年之中的日平均工资，因为劳动者一年之中劳动能力的价格是围绕劳动能力价值变化的，所以最低限度的工资是其一年中工资的平均。最低工资标准不仅由劳动者身体决定，还由一定的社会状况决定。马克思认为最低必需支出是工资的最低限度，不同于以往所指的工资。

二是基于劳动二重性基础上，认为劳动力的价值不同于劳动创造的价值。劳动力的价值决定于劳动力生产和再生产所需要的劳动时间，包含劳动者维持自身和劳动者家庭以及劳动者在教育培训方面的费用。所以对于劳动者来说，其得到的不只是维持生存所必需的最低工资，劳动者应该得到和其劳动力的价值相一致的工资。

考虑到资本主义积累的规律和劳动力相对过剩的条件，劳动者的平均工资总是不断趋向于工资的最低限度，但这不能像以往理论中所说的那样称为铁一般的工资规律，马克思并不否认在资本主义积累规律和劳动力相对过剩的情况下，工人的平均工资接近于劳动力的价值的最低限度，低于其实际价值，但不能将其等同于铁一般的规律，否则，其意味着工人没必要和资本家进行斗争以提高自身的工资。

（三）主流经济学对最低必需支出的理解

古典经济学和马克思都对最低必需支出给予一定的重视，但主流经济学逐渐淡化和放弃了对最低必需支出的考虑。

新古典经济学更多的是使用边际和均衡分析，而很少关注最低必需支出问题。新古典经济学的集大成者马歇尔在关于工资问题时，指出低级工人所做的工作会有很多人争抢，当低级工人急需钱时，他们仅仅考虑所获得的工资而不会注意工作上的不快，如何减少这种工人、提高工资则是需要迫切关注解决的。整体来说，马歇尔对最低必需支出的问题分析较少，其经济理论的核心是均衡价格理论，其相信市场机制和竞争的力量能够对供给和需求进行调节并达到均衡，其认为劳动供给曲线是向右上方倾斜的，这也为后来经济学界对最低必需支出对劳动供给约束的淡化甚至漠视奠定了基础（马歇尔，1890）。新古典经济学认为不需考虑最低必需支出的限制而仅工资机制就能实现劳动力供求平衡的结果。后来的新古典综合派在分析失业问题时也是沿用向右上方倾斜的劳动供给曲线（Samuelson，1992）。新剑桥学派的主要代表人琼·罗宾逊（1973）对最低必需支出也较少关注，其著作中也较少涉及相关内容。关于主流经济学对最低必需支出的淡化或者漠视的问题需要结合其所处的社会背景来分析。主流经济学主要是英美等发达国家的产物，其研究的重点通常是国家中所出现的急需解决的现实问题，英美等国在20世纪30年代之后走出经济大萧条，其工业化发展逐渐迈入成熟工业化和后工业化时代，资本不断积累、科技突飞猛进、医疗水平的不断提高以及社会保障和福利不断完善，使得其超越了最低必需支出的限制，其消费的重点也逐渐从生活必需品转向耐用消费品。最低必需支出的限制也只是偶尔出现在经济衰退期或者国家中一些不发达的地区，所以主流经济学较少关注最低必需支出是有其社会原因的。但这并不是说分析发展中国家的相关问题时就要忽略最低必需支出的限制，这样并不符合实际情况。

(四) 发展经济学的最低必需支出的含义

相比较于主流经济学，发展经济学更多关注发展中国家的经济状况，关注最低必需支出对劳动供给和就业产生的影响。

刘易斯（1954）提出了适用于发展中国家的二元经济模型。该模型具体也涉及最低必需支出的问题。刘易斯指出，其模型主要适用于埃及、印度、牙买加等国，因为在这些国家中，劳动力的价格仅仅是维持其生活的价格，也就是最低工资，按照这个价格所提供的劳动供给高于需求时，就会有无限的劳动供给。并且刘易斯指出劳动供给不仅源于人口的增长，还可以源于农民、临时工、家庭妇女等。

拉尼斯和费景汉基于刘易斯模型提出农业部门对工业部门的重要作用，农业部门的劳动者生产出较多的剩余产品，自身以制度工资也即最低的生活标准维持其生存，并将其剩余产品提供给工业部门的劳动者（Fei and Rains，1997）。这里所提到制度工资以及刘易斯提出的维持生存的工资和最低必需支出类似。

然而20世纪60年代很多发展中国家存在农业劳动力流入城市和城市存在失业并存的局面，刘易斯、拉尼斯和费景汉的模型对此现象无法进行解释，托达罗提出了农民工基于农村和城市的预期收入的差距来决定是否流入城市的托达罗模型，其模型中也提到存在外生的城市最低工资水平，但并没有对其具体分析或阐述（Todaro，1969；Harris and Todaro，1970）。本章在构建劳动供给模型时会考虑最低必需支出约束的影响。

(五) 本研究对最低必需支出的理解

综合经典和主要经济学流派对于最低必需支出的认识，本研究认为，最低必需支出的含义如下：

最低必需支出是维持劳动者生存的支出，是劳动者支出水平的下限，主要包含：（1）劳动者维持自身及其赡养者生存和后代延续方面的支出；（2）一定水平的教育和培训方面的支出；（3）作为社会人的劳动者基于维持社会关系的必要支出，这与一定时期的历史、文化、道德等因素相关。同时对于迁移的劳动力群体来说，还要考虑其从迁出地流入迁入地所产生的物质和心理方面的成本等。最低必需支出水平具有刚性特征，特定的时期变化不大，但会随着时间的推移、经济的发展而变化。

五、最低必需支出约束条件下的劳动供给模型

（一）最低必需支出约束条件下的劳动供给模型

经典的劳动供给曲线是根据劳动力追求效用最大化的目标推导出来的。劳动供给的一般模型是通过条件极值的形式表述，具体为：

$$\max U(Y, R) \tag{4-1}$$

$$\text{s.t. } Y+wR \leqslant M+wT \tag{4-2}$$

其中，U、Y、w、R、M、T分别表示效用函数、费用支出、工资、闲暇时间、非劳动收入、总时间，包括劳动和闲暇时间。根据收入约束条件，以效用最大化为目标推出的向后弯曲的劳动供给曲线，如图4-1所示。在一定的工资水平下，随着工资水平的提高，替代效用大于收入效用，劳动者往往会增加劳动供给，减少闲暇时间，劳动供给曲线表现为向右上方倾斜的曲线，但当工资增加到一定程度后，随着工资的增加，收入效应大于替代效用，劳动者往往会增加闲暇时间，减少劳动供给，劳动供给曲线表现为向左上方倾斜的曲线。整体来看，劳动供给曲线的形状表现为一条向后弯曲的曲线。

然而上述理论推导隐含着一个假设条件，即劳动力总支出不大于其总收入，但实际上，这种假设条件忽略了一种情况，劳动者存在最低必需支出的状况。也就是说上述理论更多的是基于初级劳动力市场的考虑，对于次级劳动力市场上的劳动者来说，其所面临的更多的是工资

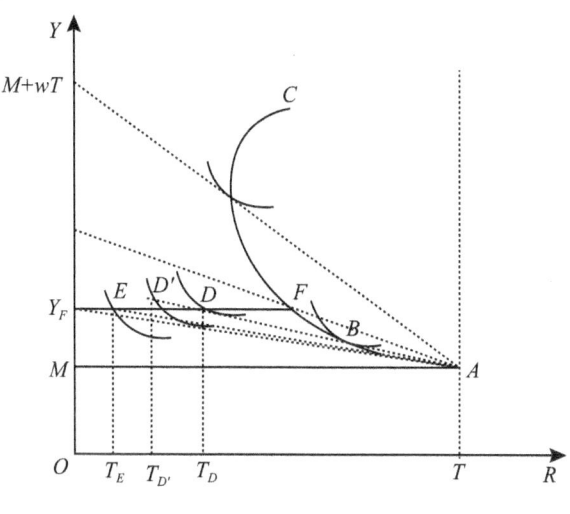

图 4-1 劳动供给的决定

低、工作环境差、收入不稳定、制度保障不健全的情况,考虑到次级劳动力市场这种情况,经典劳动力供给模型可以修改如下:

$$\max U(Y, R) \tag{4-3}$$

$$\text{s.t. } Y+wR \leqslant M+wT \tag{4-4}$$

$$Y \geqslant Y_F \tag{4-5}$$

Y_F 表示劳动力的最低必需支出水平,它表示维持劳动者生存的必需品支出水平。劳动者消费的商品一般是正常品,具体来说,正常品可以根据需求收入弹性的大小分为奢侈品和必需品,需求收入弹性大于 1 的是奢侈品,需求收入弹性效应小于 1 的是必需品,也就是说,劳动者的收入变化时,对奢侈品的需求的变动幅度大于对必需品的需求变动幅度。当劳动者需求减少时,奢侈品的需求减少的幅度大于必需品的需求减少幅度,收入下降到一定程度时,劳动者的奢侈品需求减为 0,这时劳动者只存在消费必需品的情况,当收入不断下降时,劳动者的必需品中根据弹性大小,弹性较大的必需品的需求先减少,弹性较小的必需品的需求后减少,随着收入继续下降,存在这样的一种收入水平,即收入下降到一定程度时,劳动者的收入只能满足最低必需品的支持,也即在该水平上，只存在维持劳动者生存的必需品的最低消费。最低必需支出包括维持劳动者自身生存和养活家庭以及繁衍后代所必需的支出，包括购买维持自身及家庭基本生活的用品和服务（衣服、食物、住房、医疗等）、孩子的教育支出、相应的交通费用等。当然，不同的劳动者或者不同年龄段的劳动者的最低必需支出不同，比如年轻人和中年人的最低必需支出是不同的。同时，最低必需支出是刚性的，在特定的时期变化不大，但会随着经济的发展而变化。

将全部劳动时间都投入劳动才刚好达到最低必需支出水平所对应的工资即为最低工资。图 4-1 中，Y_F 所对应的即为最低必需支出水平，AY_F 与水平线的夹角的正切值所对应的工资即为最低工资 w_0，在该工资水平下，劳动者只有将所有的劳动时间 T 都投入劳动才能获得最低必需支出。拐点工资是指当工资大于拐点工资时，在一定工资水平之下，随着工资的增加，劳动供给会增加；当工资小于拐点工资时，工资和劳动供给之间的变化关系不同于拐点工资之上的变化关系。图 4-1 中，YF_F 所对应的 F 点即为拐点，A_F 与水平线夹角的正切值所对应的工资即为拐点工资 w_F。当工资低于拐点工资 w_F，如 AB 所对应的工资 w_{AD}，在经典劳动供给模型下，劳动力追求效用最大化，最终满足点为 B 点，但该点无法满足劳动者的最低必需支出水平，所以劳动者必须增加劳动供给，达到最低必需支出水平上，即 D 点是满足点，劳动时间为 TT_D。当然，劳动者可以工作更长时间，比如 D' 点，此时的劳动时间为 $TT_{D'}$，但考虑到劳动者追求效用最大化的目标，在同样的工资率下，D 点的效用大于 D' 点的效用，所以满足点为 D。当工资水平处于 AE 所对应的工资 w_{AE} 时，根据效用最大化以及满足最低支付水平的条件，满足点为 E 点。当工资低于拐点工资 w_F 时，随着工资从 w_{AD} 降到 w_{AE}，劳动供给时间从 TT_D 增加到 TT_E。同时，上述推理也验证了 F 点为拐点，AF 所对应的工资为拐点工资 w_F，拐点工资下的劳动供给与工资变化相反，这虽然和经典劳动供给理论相违背，但仍然是劳动者追求效用最大化的体现。

（二）不同变量的影响

1. 工资的影响

当工资大于拐点工资 w_F 时，所对应的劳动供给曲线在图 4-2 上表示为 CBF，也就是经典的向后弯曲的劳动供给曲线，当工资小于拐点工资 w_F 时，劳动力为了满足最低支出的刚性需要，会随着工资的降低增加劳动支出，当工资水平继续降到最低工资 w_0 之下，劳动力无论怎么增加劳动供给都无法维持最低水平的支出。这种情况表现为图 4-2 的 FKJ 段，当工资处于 w_0 和 w_F 之间，所对应的情况为图 4-3 中的 F_l 段。

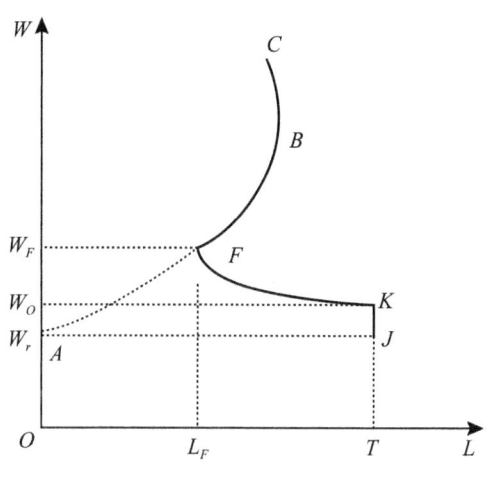

图 4-2 劳动供给曲线

除了考虑最低工资 w_0，还需考虑劳动力的保留工资 w_r，也就是使其提供劳动不至于退出劳动力市场的最低工资水平。如图 4-2 所示，当 $w_r < w_0$，即使工资率降到最低工资水平之下，劳动力仍会提供劳动，不过这时即使将全部时间投入劳动，也不能满足最低支付水平，当然在损害劳动力自身健康的情况下，减少睡眠时间甚至不睡觉来工作在一定程度上可以达到最低支付水平。而当 $w_r \geq w_0$ 时，如图 4-3 所示，当市场工资率介于 w_0 和 w_r 之间，这时候劳动者即使付出劳动可以达到最低支

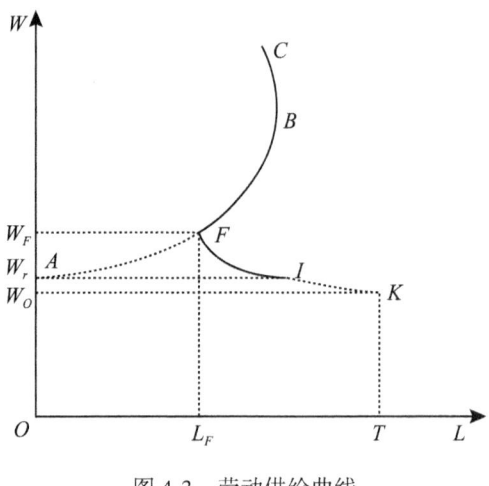

图 4-3 劳动供给曲线

付水平也不会付出劳动。这就和现实中一些劳动者因为工资低而不愿提供劳动的情况相符。

整体来说，中国农村劳动力更多的是处于图 4-2 中的情况，也就是说，即使工资低，仍然提供劳动，因为他们的保留工资可能比最低工资还低。

2. 非劳动收入的影响

当劳动者的非劳动收入从 OM 增加到 OM' 时，拐点工资由 AF 所对应的工资率变为 $A'F$ 所对应的工资率，也即非劳动收入的增加会降低拐点工资率，一方面延缓了劳动者退入劳动供给曲线向右下方倾斜的劳动力市场中的速度，另一方面也加快了劳动者进入劳动供给曲线向右上方倾斜的劳动力市场的速度。非劳动收入的增加使最低工资率从 AYF 所对应的工资率降低到 $A'YF$ 所对应的工资率上，在一定程度上可能会吸纳更多的劳动力进入劳动力市场。而非劳动收入的变化影响劳动供给的机制在于非劳动收入所产生的收入和替代效应的综合作用，如果非劳动收入产生的收入效应相对较大，则劳动者的劳动供给将减少，否则，劳动者的劳动供给将增加。

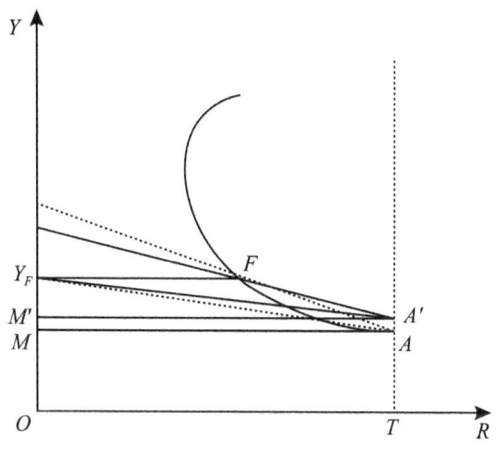

图 4-4 非劳动收入的影响

3. 劳动供给时间总量的影响

当劳动者的劳动供给时间总量为 T 时，随着工资从 AD 所对应的工资率降低到 AE 所对应的工资率时，劳动供给时间从 TT_D 增加到 TT_E，同时闲暇时间减少，当然劳动者为了保证原来的闲暇水平所带来的效应，劳动者可以通过减少睡眠时间来增加劳动供给时间的总量，如图 4-5 所示，$A'D$ 和 AE 所对应的工资率相等，则 $TDTE$ 和 TT' 所对应的劳动时间相等，也即，当工资率降低时，劳动者可以通过减少睡眠时间来增加劳动供给以此来维持原来的闲暇水平所带来的效应。也就是说，对于低收入水平的劳动者，当其工资变化时，劳动者可以变动效用水平来调整闲暇时间和劳动供给时间之间的分配，也可以在保持效用水平不变的前提下改变睡眠时间来调整劳动供给时间。

4. 物价水平的影响

物价水平的作用机制是通过最低必需支出的传递作用来对劳动者的劳动供给产生影响。物价水平的上升对劳动者的最低工资率和劳动力市场的拐点工资率产生影响（见图 4-6）。随着物价水平的上升，劳动者

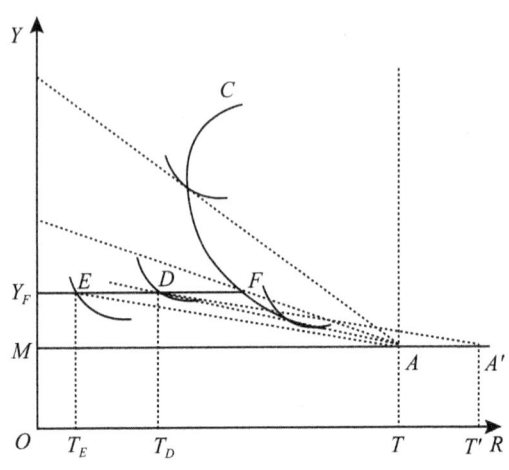

图 4-5 劳动供给时间总量的影响

的最低必需支出从 YF 增加到 YF′，劳动者的最低工资率从 AYF 所对应的工资率增加到 AYF′所对应的工资率，劳动力市场中的拐点工资率从 AF 所对应的工资率增加到 AF′所对应的工资率，这在一定程度上延迟了劳动者进入供给曲线向右上方倾斜的劳动力市场中的速度，同时在一定程度上增加了劳动者进入供给曲线向右下方倾斜的劳动力市场中的速度和那些处于供给曲线向右下方倾斜的劳动力市场中的劳动者退出劳动力市场的概率。

(三) 修正经典劳动供给模型的基本结论

基于以上分析，我们有如下基本结论：

经典的劳动力供给模型虽然在无差异性工资水平条件下，对闲暇和劳动供给之间如何实现劳动者本身效用最大化进行了严格的论证，并且在理论上具有较强的说服力。但是经典劳动力供给模型由于没有对劳动者本身的状态进行差异化分析，导致在现实中出现了理论和现实脱节的状态。当我们把劳动者的最低工资和劳动者的最低必须支出结合起来，

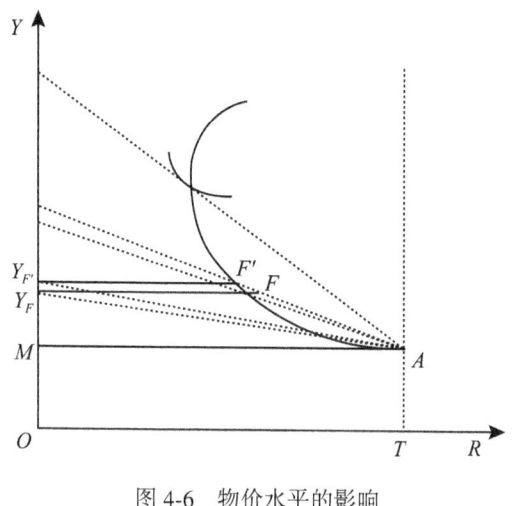

图 4-6 物价水平的影响

差异性考察劳动者本身的状态时,才发现劳动者劳动供给和实践的吻合性。

经典的劳动力供给模型的使用范围应该在于工业化已经完成,工业和农业差距相对消失的经济发达的国家状态。而对于发展中国家而言,考虑最低生活必需支出约束的劳动力供给模型可能更加是现实和常态化的。

劳动供给行为分析过程中要针对具体的劳动对象进行对应的分析,对农村劳动力群体分析过程中,除了分析农村劳动力总体,还要具体考察不同类别的劳动力群体的劳动供给行为,这样才能更全面的认识劳动供给的规律,并更好地指导实践。

六、湖北省农村劳动力非农劳动供给影响因素的实证分析

(一)数据描述

本研究的数据来源是 2013 年中国居民收入调查(CHIP)中对各地

农村住户进行调查获得的数据中的湖北省的数据。这次所进行调查内容包含农民的年龄、性别等人口特征方面的统计信息，受教育年限等人力资本方面的信息、就业与否、工资、非农工作时间、企业或者行业特征等与就业相关的信息，基本能够满足劳动经济学进行学术研究的相关需求。样本总量为2895。数据处理过程中，将劳动力的年龄限制在16至64岁，删除离休、退休、求学、没有劳动能力和属于家庭帮工的个体，进一步删除相关变量含有缺漏值的个体，以及对工作时间、收入等变量删除离群值，最终得到样本量为1080个，男性样本量为697，女性样本量为383。变量的具体含义和相关统计特征见表4-1。从样本来看，农村劳动力周非农劳动时间平均值为48.88小时，高于平均每周40小时的法律规定的标准，平均接受正规教育年限为8.79年，属于党员的较少，单位或企业所有制更多的是以私营等为主。整体来说，农村劳动力主要处于工资低、工作条件较差、就业不稳定的劳动力市场中。

表4-1　　　　　　　　主要变量的统计描述

变量	样本数		含义	均值	标准差	频数	百分比(%)
hours	1080		周工作小时数	48.88	13.50		
w	1080		小时工资收入	15.68	17.38		
age	1080		年龄	37.1	12.07		
educ	1080		受正规教育的年限	8.79	3.01		
householder	1080	0	户主（1指户主，0指其他成员）	0.33	0.47	720	66.67
		1				360	33.33
married	1080	0	婚姻状况（1指已婚，0指其余情况）	0.75	0.43	271	25.09
		1				809	74.91
party	1080	0	党员（1指党员，0指其余情况）	0.08	0.27	997	92.31
		1				83	7.69

续表

变量	样本数		含义	均值	标准差	频数	百分比(%)
health	1080	0	健康状况（1指健康状况较好，0指健康不好）	0.84	0.36	170	15.74
		1				910	84.26
gender	1080	0	性别（1指男性，0指女性）	0.65	0.48	383	35.46
		1				697	64.54
worktype	1080	0	工作类型（1代表党政机关、事业单位、国有及控股、集体企业，0代表中外合资或外商独资企业、个体、私营企业、土地承包者、其他）	0.11	0.31	965	89.35
		1				115	10.65

（二）实证模型的构建及变量的含义

本文主要是分析研究加入最低必需支出约束条件后的劳动供给和工资之间的变化关系，具体的计量模型如下：

$$h = \alpha + \beta w + \delta X + \mu \tag{4-6}$$

本研究变量的选取类似于以往的研究。其中 h 代表农村劳动力年非农劳动小时数；w 代表月工资收入，β 是对应的系数；α 是常数项；δ 是系数向量；u 是随机扰动项；X 代表控制变量向量，其主要包含劳动者年龄、劳动者的性别、受教育程度、婚姻状况、是否为家里户主、劳动者的健康状况、劳动者工作单位的所有制。根据生命周期理论，个体就业随着年龄增长表现为先增加后减少变化规律；根据人力资本理论，劳动者的受教育水平和健康水平对劳动者个体就业都会产生影响；而根据家庭劳动供给理论，作为户主的劳动者，意味着要承担更多更大的责任，有助于劳动力增加就业，婚姻状况也会对劳动力就业产生影响。

工资收入对劳动者工作时间的影响中可能存在内生性（Fortin、LaCroix，1997；周闯、张世伟，2009），工资收入和劳动者工作时间可能同时受到不可观测的个体特征的影响，从而存在内生性，所以进行实证分析之前需要检验工资收入变量是否存在内生性，如果存在内生性，需要寻找合适的工具变量。通过相关的检测发现，工资收入变量并不存在内生性。

(三) 实证分析结果和解读

1. 农村劳动力整体的非农劳动供给实证分析结果和解读

对湖北省农村劳动力非农劳动供给的影响因素的估计结果如表4-2所示。回归结果表明农村劳动力的非农劳动时间反向变动于工资，其小时工资增加1%，周工作小时数降低6个单位，并且在1%的水平上显著；户主对劳动者的劳动供给的影响为正，但在统计上不显著；已婚的劳动者比未婚的劳动者周工作小时数多0.33小时，统计上并不显著；农村劳动力群体中是党员的比非党员的周工作小时少4.72小时，相比较来说，党员群体的劳动者的工作或者收入情况比非党员群体的劳动者的好，不需要付出更多的劳动供给就能达到最低必需支出的目标；健康状况变量的影响符合实际，相较于那些健康状况较差的劳动者，健康状况较好的劳动者提供更多的劳动供给，该结论等同于秦立建等人的研究（2012）；受教育程度变量的作用为负向的，可能是当劳动者受教育程度提高，这样更能满足那些工资高、环境好的工作的门槛，这样的工作条件下他们不需要较长的工作时间就可以达到一定的收入水平，然而这在统计上不显著。年龄变量的作用符合倒U形的性质，也即随着年龄增长，劳动者的劳动供给同向变动，当劳动者的劳动供给增加到一个峰值后开始下降；相较于在党政机关团体、事业单位、国有及国有控股、集体企业中的劳动者，在个体、私营企业等的劳动者的劳动供给会更多一些，毕竟国有、集体企业、事业单位等的待遇更好一些，工作较短的时间就能达到较高的收入水平，反而在私营、个体等企业中需要付出更多劳动供给才能达到同样的收入水平。

表 4-2　　　　　　　农村劳动力非农劳动供给的估计结果

	ols	olsm	olsw	olse1	olse2
	hours	hours	hours	hours	hours
ln$w$	−6.00***	−6.46***	−4.84***	−5.41***	−6.48***
	(−8.13)	(−7.63)	(−3.34)	(−4.33)	(−7.47)
householder	0.63	−0.77	4.76	0.85	0.26
	(0.52)	(−0.54)	(1.64)	(0.48)	(0.15)
married	0.33	−0.68	2.34	−1.57	1.02
	(0.31)	(−0.49)	(1.36)	(−0.73)	(0.83)
party	−4.72***	−3.69**	−9.20***	−4.08	−4.90***
	(−2.95)	(−2.05)	(−2.92)	(−1.26)	(−2.69)
health	2.64**	3.24**	1.48	2.97	2.49
	(2.16)	(2.23)	(0.66)	(1.57)	(1.59)
gender	1.23			1.71	0.76
	(1.39)			(1.03)	(0.72)
educ	−0.18	−0.14	−0.27	−0.48	0.01
	(−1.21)	(−0.76)	(−1.15)	(−1.34)	(0.05)
age	0.47*	0.78**	0.08	0.37	0.44
	(1.70)	(2.37)	(0.16)	(0.78)	(1.22)
age2	−0.01**	−0.01***	−0.00	−0.01	−0.01
	(−2.43)	(−2.80)	(−0.70)	(−1.41)	(−1.57)
worktype	−2.59**	−1.86	−3.75**	2.01	−4.50***
	(−2.16)	(−1.14)	(−2.23)	(0.68)	(−3.58)
_cons	57.80***	53.46***	64.09***	62.20***	57.14***
	(10.62)	(8.44)	(6.44)	(6.26)	(8.60)
N	1080	697	383	417	663
R^2	0.1492	0.1652	0.1390	0.1440	0.1673
F	11.38	9.03	5.70	4.26	9.92
Prob>F	0.0000	0.0000	0.0000	0.0000	0.0000

续表

	ols	olsm	olsw	olse1	olse2
	hours	hours	hours	hours	hours
t statistics in parentheses					
* p<0.1	** p<0.05	*** p<0.01			

注：括号为 t 值。

2. 农村劳动力不同性别间的劳动供给实证分析结果和解读

本章除了研究最低必需支出限制下的农村劳动力整体的劳动供给行为，还对不同性别的农民工群体进行了分析。为了更深入了解农村劳动力不同性别间的劳动供给的区别，本文将劳动力群体分为男性和女性群体，分别为697人和383人，对这两个群体分别进行回归估计。对男性群体的估计结果如表4-2第3列所示，对女性群体的估计结果如表4-2第4列所示。结果显示两个群体的非农劳动供给时间反向变动于月工资收入，小时工资增加1%，男性农村劳动力群体的周工作小时减少6.46个单位，女性农村劳动力群体的周工作小时减少4.84个单位，男性农村劳动力群体的劳动供给和工资之间的变动关系更加敏感，相比较来说，女性农村劳动力群体的求职工作意向更倾向于稳定型的，工资的变动对其劳动供给的影响相比男性群体来说较小；是否为党员，对男性和女性农村劳动力群体的影响都为负，党员群体的劳动者的工作或者收入情况，不需要工作较长的时间就能达到一定的水平；对于男性农村劳动力群体来说，健康状况对其劳动供给的影响为正，对女性农村劳动力群体来说，健康状况对其影响也为正，但在统计上不显著；对于男性群体来说，年龄变量符合倒U形的预期，也就是说，随着年龄的增加，劳动供给增加，当年龄增加到一定值之后，年龄的增加伴随着劳动供给减少；对于女性群体来说，能够在国有或者集体等企业工作，其待遇相对就较高，工作较短的时间就能达到一定的收入水平，所以单位或者企业所有制对女性农村劳动力的劳动供给的影响为负向的，对于男性农村劳动力来说，单位或者企业所有制对女性农村劳动力的劳动供给的影响也为负向的，但在统计上不显著。

3. 门槛模型下的农村劳动力的劳动供给实证分析结果和解读

对于低收入水平下的农村劳动力群体来说，其群体内部也会因为差异性使得内部不同的群体在劳动力市场中所处的层次不一样，相对应的劳动供给也不同。相对来说，受教育程度较高的劳动者发现、识别和获得较好的就业机会的能力更大一些，或者说更好的工作对劳动者的素质要求也更高，而受教育程度较高的劳动者，其自身的素质相对来说也更高，那么是否在一定程度上表明不同教育水平的农村劳动力，其所处的劳动力市场层次不同，劳动力供给行为不同，也即受教育程度这个变量会使得农村劳动力的非农劳动供给存在非线性变化的情况，也就是说，受教育程度是否存在一定值，受教育程度在这个值之上和这个值之下农村劳动力群体的非农劳动供给行为不同，本研究在这方面也进行了相应的分析研究。

不同受教育程度的农村劳动力的不同的劳动供给属于结构变化问题，可以采用门槛模型来解决这类问题。国外一些学者（Chan，1993；Hansen，1996、1999、2000）较早对结构变化或者非线性问题进行关注，并提出门槛模型的思想，也在数学方面证明并且给出了相关的解决方法，随后用到实证分析中。结构变化或者非线性问题是指变量之间的关系变化受另外一个核心变量或者说门槛变量的影响，当核心变量高于某个值时，也就是门槛值时，变量之间存在一种变化关系，当核心变量低于该门槛值时，变量之间存在另外一种变化关系。门槛值的寻找主要是利用计算机依据遍历的思想来寻找，也即首先计算出核心变量的不同分位点，然后选择其中一个分位点为门槛值来进行回归，并构造检验统计量，然后在剩下所有分位点处都进行回归分析并得到对应的检验统计量，根据模拟抽样等方法计算出相应的临界值来检验核心变量是否存在门槛值。而本章关于湖北省农村劳动力的非农劳动供给的影响因素的门槛模型的回归就是基于上述的思想。具体模型如下：

$$y_i = \theta_1' x_i + e_i, \qquad q_i \leqslant \gamma \qquad (4-7)$$

$$y_i = \theta_2' x_i + e_i, \qquad q_i > \gamma \qquad (4\text{-}8)$$

以上两个公式可以组合起来写成如下形式：

$$y_i = \theta_1' x_i I(q_i \leq \gamma) + \theta_2' x_i I(q_i > r) + e_i \qquad (4\text{-}9)$$

模型中 y 指因变量周工作小时数；x 指一系列自变量，包括年龄、性别、受正规教育的年限、是否为户主、婚姻、是否为党员、健康状况、单位或企业所有制；q 是门槛变量，本研究中门槛变量指受正规教育的年限，r 是指存在的门槛值，θ_1' 和 θ_2' 分别是指在门槛值之下和在门槛值之上自变量和因变量之间的不同变动关系，具体指不同自变量的系数；I 是指示变量，也即当符合条件时，该变量为 1，当不符合条件时，该变量为 0；e 是指随机扰动项。

门槛值的估计结果如表4-3所示。受正规教育的年限的门槛值是9，在统计上也显著，也就是说受正规教育的年限低于9年时不同因素对劳动者劳动供给的影响和受正规教育的年限高于9年时不同因素对劳动者劳动供给的影响不同。

表4-3　　　　　　　　门槛值估计结果

门槛估计值	LM-test 估计量	P 值
9	19.4271	0.0962
LM-test, H0: 不存在门槛值		

基于门槛模型的农村劳动力非农劳动供给的估计结果如表4-2第5列和第6列所示，第5列表示受正规教育年限低于9年时的回归结果，第6列表示受正规教育年限高于9年时的回归结果。当受正规教育年限高于9年或者低于9年，月工资收入和工作时间之间的关系都是负向的，并且在1%的水平上显著，受正规教育年限在9年之上的农村劳动力群体的劳动供给和工资之间的变动关系比受正规教育在9年之下的群体的要敏感些，相对来说，受教育程度越高，其工作地位也越高，工资收入也越高，那么达到一定的收入水平需要更少的时间就可以；是否为党员这个变量对于受教育程度在门槛值之上的群体的影响都是负向的；

在党政机关团体、事业单位、国有及国有控股、集体等企业中的劳动者相对来说工资较高，工作条件较好，所以单位或企业所有制对受正规教育年限在9年之上的劳动力群体的劳动供给的影响为负，对于受正规教育年限在9年之下的劳动力群体来说，其更多的是在私营、个体等企业中，一定程度上从事的是工资低、环境差、易替代的工作，只要有相应的工作机会，这一类群体的劳动者都会把握住，都会提供更多的劳动供给，所以单位或企业所有制对受正规教育年限在9年之下的劳动力群体的影响不大。

实证结果显示，在最低必需支出限制条件下的不同群体的劳动供给行为不同，总体、男性和女性以及受教育程度在门槛值之上和门槛值之下的农村劳动力的劳动供给反向变动于其工资，男性群体比女性群体的劳动供给和工资之间的变动关系要更敏感一些，受教育程度在门槛值之上的群体比门槛值之下的群体的劳动供给和工资之间的变动关系要敏感一些；党员群体的劳动者所获得工作条件可能更好，不需要工作更长的时间就能获得一定的收入水平；健康状况较好的劳动者会增加其劳动供给；年龄对劳动者的劳动供给符合生命周期模型，随着年龄的增长，劳动者的劳动供给先增加，达到峰值后再减少；在国有或者集体等企业中工作的付出较少的劳动供给就能获得相应的收入水平。以上证明了处于次级劳动力市场中的劳动者的劳动供给与工资收入之间的反向变动关系，同时也对农村男性和女性劳动力群体的非农劳动供给以及受教育程度不同的农村劳动力群体的非农劳动供给进行了研究，对以往的研究进行了补充和深化。

（四）最低必需支出约束下的劳动力供求分析

考虑最低必需支出约束条件，那么劳动供给曲线如图4-7所示的曲线 $CBFKJ$，FC 段是经典的向后弯曲的劳动供给曲线，FK 段反映的是劳动供给和工资收入之间的负项变动关系，KJ 段反映的是劳动供给缺乏弹性。具体来说，劳动供给曲线不同，其弹性大小也不同，代表的劳动供给行为不同，背后对应的劳动力群体也不同，农村劳动力群体更多处于劳动供给缺乏弹性或者劳动供给弹性为负的劳动力市场中。

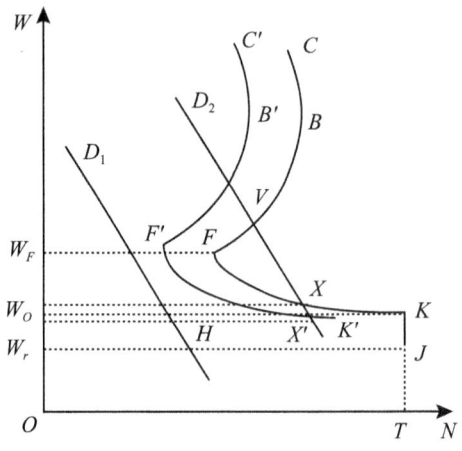

图 4-7　劳动力供求分析

当劳动者的需求曲线处于图 4-7 中的 D_{1H} 时，其和劳动者的供给曲线没有交点，而劳动供给的增加会使得工资降低，这样劳动者的供给曲线也就是最低工资水平处的水平线，劳动者在这种情况下也仅仅维持基本的生存需要，甚至有些地方没有严格执行最低工资标准的话，劳动者也只有加班加点的工作，并且最终或许也只是达到保留工资水平，低于最低工资水平，处于劳动力市场的边缘，这也就是为什么低工资条件下用人单位依旧能获得"无限"的劳动供给。

当劳动者的需求曲线处于图 4-7 中的 D_{2X} 时，若劳动者的需求曲线交供给曲线于 FK 段的 X 点处，该均衡点并不稳定，工资的降低会造成劳动力市场处于供给大于需求的状态使得劳动者的工资继续下降，这种下降的状态一直持续到工资降到劳动者的最低工资水平上。而如果劳动者的需求曲线交劳动供给曲线于 FC 段的 V 点处，这时候劳动供求的均衡状态较稳定，并且劳动者的劳动供给曲线的斜率为正，也即工资增加，其劳动供给增加。

从劳动者的保留工资的角度考虑，长期来看，劳动者的最低工资趋向于劳动者的保留工资或者说劳动者的保留工资会略低于劳动者的最低工资。低收入水平劳动者的劳动供给的过度使得劳动者的工资水平下降到最低工资水平,同时劳动者的生活成本的增加使得其保留工资逐步会增加,最终两者会逐渐趋同或者保留工资略低一些。农村中的劳动力所处的次级劳动力市场上的就业环境差,但很多依旧没有退出劳动力市场甚至加班工作,这也表明其保留工资低于最低工资水平。从20世纪80年代以来,进城务工人员的工资水平普遍增长缓慢甚至还有所下降。一些研究显示,珠江三角洲地区的进城务工人员的工资在过去数年间涨幅甚小(夏怡然,2010),扣除通货膨胀的影响,那么其工资是负向增长的,这是由于长期以来农村劳动力的无限供给使得进城务工人员的劳动供给远大于需求而导致其工资处于不断下降或者增长停滞的状态。而本章关注到的农村劳动力的劳动供给增加,但其工资降低,上述实证分析也证明湖北省农村劳动力群体中也存在这种现象,这种现象是因为这些低收入的劳动者处于劳动供给曲线的斜率为负的劳动力市场中,如图4-7所示,当劳动供给增加,其劳动供给曲线从 $C'B'F'K'$ 移到 $CBFK$,使得劳动供求均衡状态从 X' 点移到 X 点处,那么原来 X' 点处的状态在现在呈现的是劳动供给大于需求的状态,使得劳动者工资降低,一方面由于劳动者过多并不容易联合起来,另一方面因为劳动者过多导致的就业竞争性增加使得工资最终降低到劳动者的保留工资水平。

  上述研究也表明建立最低工资制度的必要性和重要性。农村劳动力群体因为自身和外在制度等方面的因素而更多的处于次级劳动力市场,工资低,工作条件差,单靠市场自发的力量,劳动者的工资会趋向于保留工资,这些劳动者也只有付出大部分甚至全部的劳动才能达到最低必需支出水平,也仅仅处于维持生存的水平,不利于劳动者的长远发展和劳动力市场的健康发展。所以需要政府建立并完善最低工资制度,同时并实施好这一制度,保障这一部分劳动力群体的权益,这样对劳动力市场的长远发展和经济的长久增长意义重大。

七、促进湖北省农村劳动力非农劳动供给的对策和措施

本章在最低必需支出的限制条件下对经典的劳动供给模型进行改进，在此基础上，明确阐述了拐点工资和最低工资。实证分析过程中，不仅对湖北省农村劳动力总体的非农劳动供给的影响因素进行了考察，也对农村男性和女性劳动力群体的非农劳动供给做了对比分析，同时考虑到受教育程度对劳动力在寻找工作过程中的重要影响，将受教育程度作为门槛变量来分析不同因素对农村劳动力的非农劳动供给的非线性的影响，也发现受教育程度存在门槛值，在门槛值上下劳动者的劳动供给行为不同。综合以上的分析研究，为了更好地促进农村劳动力的劳动供给提出以下可行的政策和对策。

（一）加快户籍制度的改革

加快户籍制度的改革。农村劳动力大多处于低层次的就业市场的主要原因是户籍制度导致的资源分配不均，这种分配不均影响到农村劳动力就业等的许多方面，所以需要对户籍制度进行改革。中国的户籍制度建立于20世纪50年代初，其主要作用是限制公民居住和迁移等，维持社会治安（张国胜、陈瑛，2014），也是当时条件下维护社会稳定的一种必然选择，当时也并没有与社会经济利益和福利等挂钩。后续的发展，户口逐渐与经济利益挂钩，户口成为获得差异化的社会经济利益和福利的标准，且城乡户口之间差别巨大，城乡利益分化、对峙的格局逐渐形成并且随着时间的推进不断深化。户籍制度的发展演进不仅对不同群体的利益分配产生重要影响，也对劳动力市场产生深远的影响，劳动力市场上或明或暗地存在着户籍歧视的现象。改革开放以后，经济体制改革的深化，经济不断增长，城市发展迅速，城乡差距也不断拉开，大量的农村劳动力流入城市，这是第一代进城务工人员，他们因为户籍制度的限制，只能在工资低、工作环境差的工作上提供劳动，而城市户籍

的劳动者的工作待遇更好，不需要大量的劳动付出就能获得较好的收入水平，并且源源不断的廉价的农村劳动力的持续供给，通过资源分配以及利益留存向城市的倾斜使得城市的发展更为迅速，国家经济增长的同时，城乡之间的差距也越来越大，同时户籍歧视程度并没有因为不同阶段户籍制度的调整而有所弱化，反而在不断加深。吴贾（2015）利用1989年至2011年中国CHNS的面板数据研究了户籍对城镇居民和农村移民在工资和就业方面的差异，发现城镇户籍会给劳动者的工资带来正向的溢价，并且溢价会随时间的增加而增加，户籍也是农村移民失业率高于城镇本地劳动者的原因，也即1989年至2011年城镇劳动力市场户籍歧视程度在逐渐增加。户籍歧视不利于劳动力市场的健康和长远发展，户籍歧视的消除也是大势所趋、民心所指。户籍改革对于劳动者在区域间和行业间等自由流动，在资源的获得上受到公平对待方面意义重大。当然户籍改革也不是一蹴而就的，需要结合当下和长远的发展逐步推进。近年来，国务院不断颁布了推进户籍制度改革的相关通知或者意见，显示了国家在户籍制度改革方面的决心，我们有理由相信户籍歧视的消除将推动形成一个统一完善的劳动力市场，推动中国经济不断向前发展。

（二）为劳动者提供制度上的保障

为劳动者提供制度上的保障。政府应建立并完善劳动力市场尤其是低端劳动力市场上相关的法律、法规，如完善并实施好旨在维护劳动者合法权益的最低工资制度，切实保护好低收入群体劳动者的合法权益。并且更重要的是法规的严格落实，需要在法规的执行过程建立良好的监督和制衡机制，对违法的企业进行处罚以提高其违法的成本，同时对受害者或者对应的弱势群体提供补偿。本章的论证过程中也侧面说明了最低工资制度的必要性。虽然国家建立以及不断完善最低工资制度，但实际上在各地制度并非都严格地执行。为此，一些学者（张世伟、杨正雄，2016）在对最低工资制度的研究过程中发现，虽然最低工资标准提升了，但是低技能的进城务工人员的劳动供给也增加了，并且增加的幅度在性别间也有差异。相对于小时工资的涨幅来说，男性进城务工人员群体的月工资收入涨幅较大，也就是说，劳动者是通过延长劳动时间来获得月工资收入的较大涨幅，而不仅仅是表面上的劳动者的收入达到了最低工资制度的标准，对于女性来说，其周工作小时和男性一样都在60小时以上，但其周工作小时会更长一些，一方面劳动者缺乏提升自身人力资本的时间，另一方面这样的工作量对劳动者的身心健康都不利，不利于其长远发展，更不利于劳动力市场和经济的长远发展。同时，一些劳动者当面对合法权益遭受侵害时，考虑自己处于弱势的情形，如果没有合适的维权渠道的话，他们可能直接一走了之，返回家乡，对当地经济发展并不利。所以，制定及完善好最低工资制度等相关的法律法规，同时也要将法律法规的执行落到实处，这样不仅使处于劳动供给曲线斜率为负的劳动力市场中的劳动者有向上发展的前景，使处于劳动供给曲线斜率为正的劳动力市场的劳动者有兜底的保障，而且对于劳动力增加劳动供给，进而推动经济增长意义重大。具体可以从政府、企业、劳动者三个方面来考虑，政府要制定并完善相关的法律法规，以及监督法规的严格执行；企业要认真履行好法律法规，其次企业可以通过设置工会等组织对进城务工人员的合法权益进行保护；劳动者自己也要努力学习各种法律制度，当权益受到侵害时，寻找法律途径来维护自己权益。

（三）加大人力资本投资力度

加大对低收入劳动力群体的教育、培训以及健康投资的力度。本章实证研究表明受教育程度变量存在门槛值，门槛值之上和之下的劳动力提供的劳动供给不同，门槛值之上也即受教育程度较高的劳动力的劳动供给对工资的变化较为敏感。增加工资，对于受教育程度较高的劳动力群体，其提供的劳动供给会减少，但是其所拥有的人力资本更符合产业转型升级后对劳动力进入的门槛要求，一定程度上会降低低收入水平的劳动力所处的低层次的劳动力市场上就业的拥挤程度，进而增加低收入水平的劳动力的工资，这有利于劳动力市场的长远健康发展。长远来说，国家可以通过加大教育的投入力度，尤其是加大职业教育的发展力度，并且要做好企业需求和职业教育的有机衔接，以此为企业培养更多的实用性的人才；而短期来说，国家和企业可以加大对低收入劳动者教育、培训力度，提高其自身的技能水平。同时，实证结果也表明，健康状况良好的劳动者有能力并且也会提供更多的劳动供给。因此要加大对农村医疗卫生的投资，改善并提高农村居民的健康水平。中国的医疗资源长期以来更多地集中于城市，农村的医疗资源占比较少。因此要长期持续的加大对农村医疗卫生的投资，以改善农村医疗资源和医务人员短缺的状况。其次，企业也要采取对应措施，提高对劳动者的保护程度，改善劳动者的健康状况。劳动者自身也要增加健康方面的投资，这样才能利于自身的长远发展。

（四）提高劳动者的其他待遇水平

提高低收入劳动者的其他待遇水平。由于通货膨胀等因素的影响使得低收入劳动者的最低必需支出水平不断增加，以及最低工资增加。一定程度上，为了达到最低必需支出的标准，这些劳动者需要付出更多的劳动，也有部分劳动者会退出劳动力市场，毕竟生活成本不断上升，并且具有刚性支出的特征，而收入的增长无法跟上生活成本增长的速度。这不利于劳动力市场的健康发展。所以政府一方面可以引导和规范用人单位提高低收入群体的各项待遇，另一方面可以通过将低收入群体纳入社会保障体系中，同时加大转移支付力度来增加这些劳动者的非劳动收入，包括对其进行补贴，减少其子女的教育支出等，这样可以有效降低其最低必需支出和拐点工资，这样其不但可以在同样工资条件下工作较少的时间就可以达到最低必需支出，而且其可以较早地进入劳动供给曲线向右上方倾斜的劳动市场中，以及推迟一些劳动者进入劳动供给曲线向右下方倾斜的劳动市场中，减少劳动者的后顾之忧，对稳定其劳动供给具有重要作用。

◎ 参考文献

[1] 杜尔阁. 关于财富的形成和分配的考察 [M]. 商务印书馆, 1961.

[2] 恩格斯. 卡·马克思"资本论"第一卷提纲 [M]. 人民出版社, 1963: 294.

[3] 付廷臣. 中国城市农民工劳动供给曲线的理论分析和实证检验 [J]. 城市发展研究, 2007 (3): 98-103.

[4] 郭凤鸣, 张世伟. 农民工工作时间的代际差异——城镇化进程中农民工劳动供给行为变化 [J]. 21世纪数量经济学, 2014 (5): 544-553.

[5] 郭继强. 中国城市次级劳动力市场中民工劳动供给分析——兼论向右下方倾斜的劳动供给曲线 [J]. 中国社会科学, 2005 (5): 16-26.

[6] 大卫·李嘉图. 政治经济学及赋税原理 [M]. 商务印书馆, 1976.

[7] 刘传江, 徐建玲. "民工潮"与"民工荒": 农民工劳动供给行为视角的经济学分析 [J]. 财经问题研究, 2006 (5): 73-80.

[8] 罗小兰. 向右下倾斜的非农劳动供给曲线——来自中国健康和营养调查的证据 [J]. 中国农村经济, 2007 (10): 23-29.

[9] 马歇尔. 经济学原理 (上、下卷) [M]. 商务印书馆, 1965.

[10] 配第·威廉. 爱尔兰的政治解剖 [M]. 商务印书馆, 1981.

[11] 配第·威廉. 赋税论、献给英明人士、货币略论 [M]. 商务印书馆, 1981.

[12] 秦立建, 秦雪征, 蒋中一. 健康对农民工外出务工劳动供给时间的影响 [J]. 中国农村经济, 2012, (8): 38-45.

[13] 斯密, 亚当. 国民财富的性质和原因的研究 (上、下卷) [M]. 商务印书馆, 1972.

[14] 童玉芬. 人口老龄化过程中中国劳动力供给变化特点及面临的挑战 [J]. 人口研究, 2014, 38 (2): 52-60.

[15] 魏珊，宋晓阳. 城镇农民工劳动供给行为的分析——基于门槛模型的估计 [J]. 西北人口，2017（4）：50-57.

[16] 吴贾，姚先国，张俊森. 城乡户籍歧视是否趋于止步——来自改革进程中的经验数据：1989—2011 [J]. 经济研究，2015（11）：148-160.

[17] 西奥多·舒尔茨. 改造传统农业 [M]. 商务印书馆，1964.

[18] 夏怡然. 低工资水平下城市农民工的劳动供给模型 [J]. 中国人口科学，2010（3）：57-66.

[19] 张车伟，蔡翼飞. 中国"十三五"时期劳动供给和需求预测及缺口分析 [J]. 人口研究，2016（1）：38-56.

[20] 张国胜，陈瑛. 中国户籍制度改革的演化逻辑与战略取向——以农民工为例的新政治经济学分析 [J]. 经济学家，2014（5），78-86.

[21] 张世伟，杨正雄. 最低工资标准提升是否影响农民工就业与工资 [J]. 财经科学，2016（10）：100-109.

[22] 周闯，张世伟. 中国城镇居民的劳动供给行为——倒S形劳动供给曲线在中国城镇劳动力市场上的实证检验 [J]. 财经科学，2009（11）：56-64.

[23] 周清杰. 低技能劳动力供给曲线研究 [J]. 农业技术经济，2004（6）：18-22.

[24] Altman, M. A Behavioral Model of Labor Supply: Casting Some Light into the Black Box of Income leisure Choice [J]. Journal of Socio-Economics, 2001（33）：199-219.

[25] Berg, Elliot J. Backward-Sloping Labor Supply Functions in Dual Economies—The Africa Case [J]. Quarterly Journal of Economics, 1961（75）：468-492.

[26] Chan, K. S. Consistency and Limiting Distribution of the Least Squares Estimator of a Threshold Autoregressive Model [J]. Annals of Statistics, 1991（21）：520-533.

[27] Dessing, Marke. Labor Supply, the Family and Poverty: the S-shape Labor Curve [J]. Journal of Economic Behavior & Organization, 2002 (4): 433-458.

[28] Dunn, L. F. An Empirical Indifference Function for Income and Leisure [J]. Review of Economics and Statistics, 1978 (4): 533-540.

[29] Fei, john C. H., Gustav Rains. Growth and Development from an Evolutionary Perspective [J]. Comparative Economics Studies, 1997 (4): 713-716.

[30] Fortin B., La Croix G. A Test of the Unitary and Collective Models of Household Labor Supply [J]. Economic Journal, 1997 (433): 933-955.

[31] Hansen, B. E. Inference When a Nuisance Parameter is not Identified Under the Null Hypothesis [J]. Econometrica, 1996 (64): 413-430.

[32] Hansen, B. E. Sample Splitting and Threshold Estimation [J]. Econometrica, 2000 (68): 575-603.

[33] Hansen, B. E. Threshold Effects in Non-Dynamic Panels: Estimation, Testing, and Inference [J]. Journal of Econometrics, 1999 (93): 345-368.

[34] Harris, John R. and Todaro, Michael P. Migration, Unemployment and Development: a Two-Sector Analysis [J]. American Economic Review, 1970 (60): 126-142.

[35] Huang, Yukon. Backward Bending Supply Curves and Behaviour of Subsistence Farmers [J]. Journal of Development Studies, 1976 (12): 191-211.

[36] Lassalle, F. J. G. Open Letter to the National Labor Association of Germany [M]. Cincinnati: Cincinnati Press, 1879.

[37] Lewis, W. Arthur. Economic Development with Unlimited Supplies of

Labour [J]. The Manchester School of Economic and Social Studies, 1954 (22): 139-191.

[38] Osca, Lewis. The Culture of Poverty [J]. Scientific American, 1966 (4): 19-25.

[39] Robinson, Joan, John Eatwell. An Introduction to Modern Economics [M]. New York: McGraw Hill, 1973.

[40] Samuelson, P. A., Nordhaus, W. D Economics [M]. 14. New York: McGraw Hill, 1992.

[41] Sharif, Mohammed. Poverty and the Forward-Falling Labor Supply Function: a Microeconomic Analysis [J]. World Development, 1991 (19): 1073-1093.

[42] Todaro, M. A Model of Labor Migration and Urban Unemployment in Less Developed Countries [J]. American Economic Review, 1969 (59): 138-148.

第五章 湖北省大学生就业的因素影响研究

一、研 究 背 景

1999年，中国教育部出台了《面向21世纪教育振兴行动计划》，实施了高等教育（包括大学本科、研究生）不断扩大招生人数的教育改革政策，简称为"高校扩招"政策。随着该政策的实施，中国高等教育招生规模开始日益扩大，这也导致在随后的时间内，大学的毕业生人数逐年递增。根据中国教育部的数据，2014年中国高校毕业生人数为727万人，到了2015年，中国高校毕业生人数为749万人，2016年中国高校毕业生人数为765万人，2017年中国高校毕业生的人数为795万人，短短4年时间内，中国高校毕业生的人数2017年比2014年多了接近70万人，初步的数据显示到2018年，中国高校毕业生的数量为820万人。于2014年相比，接近多了100万人口。数量庞大的毕业生涌入就业市场，带来就业市场中大学生就业的压力相当大。很多媒体在新闻报道中用"史上最难就业季""更难就业季"等有关标题来描述大学生就业困难的状态。

然而，随着中国经济进入新常态，中国经济结构和产业结构出现转型和升级，对于劳动力数量的追求将开始让位于对于劳动力质量的追求，也就是说，未来社会就业的需求事实上将会出现减少的局面，但是大学生的就业规模并不见任何缩减，大学生的供给是呈现增加的态势，这种供需之间的矛盾使得在可以预见的时间内，大学生就业的压力不会出现丝毫的减少。

习近平总书记在党的十九大报告中强调:"就业是最大的民生。要坚持就业优先战略和积极就业政策,实现更高质量和更充分就业。大规模开展职业技能培训,注重解决结构性就业矛盾,鼓励创业带动就业。"在国家整体经济结构调整和产业结构转型升级的社会大背景下,就业关系着每个劳动者的个人发展和家庭幸福。作为接受过高等教育的劳动者,大学生是社会先进生产力的重要组成部分,其就业更是教育界乃至整个社会共同关注的热点。

如何用好大学生,并且促进大学生就业是全社会都应该关心的问题。鉴于此,在研究中研究大学生就业的影响因素,并采取措施促进大学生就业就是一个非常有意义的事情。因为这个问题,它是一个问题导向的研究,是切切实实地来解决问题的。

湖北省作为一个中部的人口大省,事实上也是一个高校林立的地方,湖北省拥有普通高等院校46所,高职院校61所,独立学院22所,成人高等院校14所,合计各类高等院校143所,在全国高等院校数量排名中处于第5名,湖北省各类高校在全国的排名状态见表5-1。

表5-1 　　　　2017年中国各省各类高校数量情况

排名	省份	普通高等院校	高职院校	独立学院	成人高等院校	学校合计
1	江苏	51	89	26	8	174
2	广东	47	85	17	14	163
3	山东	56	77	11	11	155
4	河南	50	79	5	11	145
5	湖北	46	61	22	14	143
6	湖南	36	73	15	12	136
7	辽宁	54	51	10	20	135
8	河北	44	60	17	6	127
9	四川	42	58	9	17	126

续表

排名	省份	普通高等院校	高职院校	独立学院	成人高等院校	学校合计
10	安徽	35	74	10	6	125
11	浙江	38	48	21	9	116
12	北京	61	25	5	23	114
13	江西	30	57	13	8	108
14	陕西	43	38	12	15	108
15	黑龙江	38	43	1	21	103
16	山西	25	47	8	11	91
17	福建	30	48	7	3	88
18	广西	27	38	9	6	80
19	上海	36	26	2	14	78
20	吉林	31	23	6	14	74
21	云南	24	41	7	2	74
22	贵州	19	41	8	3	71
23	天津	20	25	10	14	69
24	重庆	20	40	5	4	69
25	内蒙古	15	36	2	2	55

资料来源：https://jingyan.baidu.com/album/5225f26ba52bfde6fa090826.html?picindex=2，该数据只采取了全国前25位的数据。

这种状态，使得本研究聚焦于研究湖北省高校大学生的就业是有现实意义的，这是由湖北省的区位决定的。湖北省作为一个典型的中部省份，承担着中国南北和东西方向的人流、物资流和信息流的交换和传递功能。湖北省本身的大学生的毕业的规模较大，2018年，湖北高校应届毕业生中研究生4.8万人、本科生20.7万人、专科生17.6万人，合计43.1万人。这样庞大的大学生就业规模一方面是就业的压力，另外一个方面也是人才的宝库，是经济增长的后备军。

当前在中国各地都出现了普遍的"人才抢人"计划。很多地区为了吸引大学生到本地就业而实施了各种诸如住房购买优惠、补贴、户籍落户等各种激励政策。当然从另外一个角度来看，只有真正了解影响大学生就业的影响因素，有针对性制定政策，才更加有利于促进大学生更好地进入就业市场。

鉴于上述背景，本章以湖北省大学生就业影响因素为研究目标，通过数据来分析影响湖北省大学生就业的影响因素，进而提出有针对性的对策和措施，实现大学生就业的目标，进而促进湖北省经济的发展。

二、大学生就业研究的文献综述

（一）国内外研究现状分析

通过在中国期刊网，万方数据库和维普数据库等学术期刊数据库，对"大学生""就业""影响因素"等为关键词的检索结果分析，当前对大学生就业相关的研究主要在如下几个方面：

1. 大学生就业问题及其成因的研究

根据国家经济社会发展的需要以及学校自身的定位，国家对大学生就业总的原则是"学以致用，人尽其才"。表现在：在微观层面，大学生与用人单位之间"人职匹配、人职和谐"，大学生与用人单位双方之间满意度较高。在宏观层面，大学生就业流向在行业与地域上的分布相对合理与均衡，能够在各行各业可持续地为社会提供人才支持与智力保障（徐莉、郭砚君，2010）。

然而，大学生就业出现困难是从2002年开始出现的（姚裕群，2008年）。中国在计划经济时期到世纪之交不存在大学生就业难问题，大学生都是按照计划分配。到2003开始出现大学生就业的形势持续严峻。主要形成原因在于大学生就业面临着经济体制转轨排斥就业、经济发展不均衡约束就业、技术进步挤出就业岗位的需求形势。吴鹏森把大学生的"就业难"总结为如下方面：无业可就、有业不就、有业难就、被就业、就业质量下降。对就业现状形成的原因总结为：在供过于求环境下，结构性失业、体制性失业和自愿失业并存；大学生求职过程艰辛；就业机会不均等；工资收入偏低；社会保障体系不健全。杨伟国和王飞（2004）借鉴 Niall O'Higgins 所提出的分析结构，分别从需求、供给及供求双方匹配的角度来研究大学生就业的内在机制。吴鹏森（2017）指出中国大学生"就业难"的原因主要有：经济发展速度减缓，创造的就业岗位不足；区域经济发展不均衡，城市与农村，沿海与内陆以及中东西部地区之间的经济发展水平差异巨大，大学生涌向经济发达地区就业，使大学生地域结构性失业比较严重；产业结构不合理，无法向大学生提供足够多合适的就业机会；高校迅速扩招使得大学生劳动力的供需矛盾愈发激化；教育结构失衡，高校专业结构设置不能适应经济结构与市场对人才的需求；社会教育体制不完善且改革滞后；学校就业指导服务体系不健全；用人单位用人条件苛刻且有比较严重的就业歧视现象；大学生自身没有树立正确的就业观、期望值过高或者自身能力与岗位不匹配；就业市场不完善以及就业保障体系不健全等。喻名峰等人（2012）认为全球经济形势的不利影响以及劳动力市场分割的社会背景都加大了大学生的就业难度。

2. 大学生就业影响因素的研究

关于大学生就业的影响因素的研究成果颇多。1967 年美国社会学家 Blau 和 Duncan 分析比较了以父母的社会地位为衡量指标的先天赋予因素和以受教育情况、工作经历等为衡量指标的后天获得因素对个人职业地位获得的影响，指出后天获得因素即人力资本会在个体职业地位获得中发挥更大的作用。Rotkowski（2003）进一步用计量经济学模型对立陶宛的劳动力市场进行实证分析，也验证了人力资本水平较高的人不仅找到工作所花时间更少而且也会获得更高的收入，而长期失业者往往是受教育程度和人力资本水平较低的人。国内学者对人力资本与大学生就业之间关系的实证研究中通常使用学生的各方面素质和能力等内部因素指标来衡量人力资本。杜桂英等（2010）利用北京大学教育学院"高校毕业生就业状况研究"课题组的调查数据并运用 logistic 回归和前向逐步回归等方法研究发现，高校毕业生在高等教育阶段所积累的人力资本（包括学习成绩、学习的广度和综合素质等）对毕业生的就业机会产生显著的正向影响。

岳昌君等（2004）和闵维方等（2006）分别使用2003年和2005年全国高校毕业生抽样调查的数据并采用logistic回归及统计描述的方法进行研究，都发现内因是决定高校学生就业竞争力的关键因素。学生努力接受更高层次的学历教育，提高专业知识水平有助于增加就业的概率。田永坡（2004）指出大学的专业类型是影响人力资本构成及适用性的重要因素，他对大学生的专有性与一般性人力资本进行考察发现：专业口径越宽的大学生人力资本的适用性更强，在劳动力市场出现买方市场时，人力资本一般性较强的劳动者通常就业难度更小。李炜和岳昌君（2009）采用统计描述和计量回归方法分析并将北京大学教育学院所作的2007年全国高校毕业生的就业状况调查结果与此前2003年、2005年两次调查的结果进行对比，发现内因即个人素质是决定求职结果和收入水平的关键因素，学习成绩较好、英语水平或计算机水平较好的大学生找到工作的概率更高且往往获得较高的起薪。陈成文和谭日辉（2004）对人力资本与大学生就业关系的实证研究表明：专业类型对大学生职业地位的获得机会具有显著影响，实习及工作经历、工作能力对大学生职业地位的获得机会、获得质量均有显著影响。黄敬宝（2012）在大学生的自身因素与就业结果的分类评定模型分析中指出，担任学生干部对于就业的积极影响最大，实习经历的影响次之，学科专业和学业成绩对大学生的就业也有很大的影响。

家庭背景是缺乏社会经验的大学毕业生的一个重要因素。"家庭背景"包含父母的职业、社会地位、经济收入、受教育水平、家庭人口数量和结构、家庭择业观、家庭所在地、种族、民族等。在就业方面，许多研究发现大学生家庭所拥有的社会资本对其就业情况的影响很大，家庭经济情况、家庭所拥有的社会关系、父母的受教育水平和职业层次等因素都对大学生的就业结果产生显著影响。文东茅（2005）的研究结果表明来自不同家庭背景的毕业生就业结果也有差异，家庭背景越好，工作落实率就越高。闵维方等（2006）的研究发现家庭经济条件和社会关系对就业的影响开始凸显，家庭经济情况好、社会关系广的大学生更容易找到好工作，与2003年相比，在2005年这种影响愈发明显。云南教科院的研究中涉及家庭背景与毕业生就业的关系，结果指出大学生父母的受教育水平和职业层次越高，其就业的概率就会越高。郑洁（2004）以北京生源的本专科毕业生为研究对象，将家庭社会经济地位视为衡量大学生社会资本水平的主要指标，考察不同社会资本水平的大学生在就业方面的差异，结果表明，以家庭社会经济地位来衡量的社会资本对大学毕业生的就业意向、求职行为和工作落实情况具有不同程度的影响，即社会资本水平越高的大学毕业生推迟就业的可能性越大，更愿意选择企业单位就业，期望的月薪起点越高，求职信心也越强，此外，他们付出的求职努力相对较少，而最终落实单位的概率较高。但是，较小的样本量使得该研究结论有一定的局限性。

除人力资本和社会资本因素外，影响大学生就业的主要因素还有个人基本特征及就业观念、学校因素、社会因素等（陈迎明，2013）。

也有一些研究者认为学校因素是大学生就业的重要影响因素，具体包括学校声望和学校类别等。在目前供过于求的高校毕业生就业市场上，用人单位常常会把学校的声望和类别作为一个筛选条件以节约招聘成本。

社会因素对大学生就业情况的影响的分析也有很多，包括中国当前实际国情对就业的影响分析，以及社会制度（如户籍制度）、经济发展状况、经济增长速度、经济发展方式、所有制结构、产业结构、社会观念等具体方面对就业的影响的分析。其中，文新华等（2004）研究发现中国大学生在相当长的时间里持续存在着就业压力，尤其是金融危机以及房地产泡沫的形成使得中国高校毕业生的就业形势更加严峻。岳昌君和周丽萍（2016）指出经济发展状况是就业机会和工作状况的决定因素。

3. 解决大学生就业问题的对策研究

一些研究认为，与大学生就业问题相对应的就业促进政策可以归纳为三大类，即需求促进政策、供给促进政策与供求匹配促进政策。需求促进政策措施的关键在于鼓励创业精神，创造新的工作岗位；供给促进政策措施的核心在于提供市场激励，鼓励大学生从事特定的职业，改进教育培训体系，提升大学生的就业能力和市场适应能力；而供求匹配促进措施重点关注大学职业指导体系的完善，改进供求结合效率。陈成文等人（2008）对这三类政策的进一步研究发现：需求促进政策对大学毕业生就业行为选择和就业机会有显著影响，而供给促进政策和供求匹配促进政策都对大学毕业生的就业能力和机会有显著影响。杨伟国、王飞（2004）认为就业是民生之本，创业是就业之源，就业问题最终还是需要通过不断创造新的工作岗位来帮助解决。就业的结构性难题难以完全依靠市场机制来解决，在许多国家都是如此，这需要政府通过鼓励大学生到特定地区（偏远落后、危险地区）、特定职业（幼师、消防、护理）、特定企业（中小微型企业）就业，并对收益差进行制度化的合理补偿等有效措施促进劳动力市场实现均衡。政府、大学和用人单位三方合作机制有助于大学生就业指导体系的完善，综合英日两国的做法可以得到一个相对完善的毕业生就业指导体系，该体系主要包括：建立大学生就业信息系统，并与全国各地的劳动力市场信息系统联网，各高等教育机构之间也联网，构成一个完整系统；建立职业指导机构，指导学生进行有效的自我评估、职业开发以及制定工作寻找战略，为学生提供平等、充分的信息与指导服务，以帮助学生进行职业决策，让他们能够将职业规划战略融入其终生规划之中。实施全程指导，从学生入学到毕业后几年内始终进行。建立职业顾问队伍，建立职业顾问资格注册体系，强化职业顾问的培训，使之朝着职业化、专业化和专家化发展。建立职业指导课程，列入学校教育课程内容和教学计划之中，并给予学分。高校作为大学生的培养单位更要注重加强对大学生的就业指导工作。张宏远等人（2010）认为，高校应建立以毕业生就业指导中心为核心，以提高大学生就业能力为导向的就业指导服务体系。陈喆（2004）提出，高校在实施就业指导时对毕业生就业和服务机构在机构设置、人员配备及经费投入等方面应给予充分保证，以积极应对大学生"就业难"问题。继续加强高校的就业服务，为在校生提供更多的实习机会及就业信息，有助于提高就业率和毕业生对工作的满意度。

(二) 对当前研究的评价

自 2001 年以来，大学生就业问题已引起了社会的广泛关注。当前有关大学生就业有关的研究结论丰富了对大学生就业问题的认识，具有一定的客观性、科学性。但是上述研究也存在一些缺陷，表现在：

(1) 在已有的关于大学生就业影响因素的实证分析中，不同的研究使用不同的数据和研究方法，得出的结论也不尽相同，故很多研究的实证结果缺乏可靠性和权威性；而且研究使用的微观数据多为截面数据使得研究结论存在较大的局限性。

(2) 西方发达国家的研究结论在中国的适应性值得怀疑。西方国家的市场化进程要早于中国，因此很多学者借鉴西方国家的研究手段来研究中国的大学生就业问题，面临的问题是中国的国情与西方的国情不完全一致，文化和习俗也不尽相同，因此，忽视了中国的特殊国情，对中外社会环境差异性的重视不够导致有些结论和建议脱离了中国的社会环境。

基于这些问题，本章将从湖北省的实际发生数据出发，对湖北省大学生的就业问题进行定量分析，以事实为准绳，客观地研究湖北省大学生就业的影响因素，并依据结论提出中肯的解决问题方案。

三、湖北省大学生就业影响因素的实证分析

(一) 数据来源和变量的选择

1. 数据来源

本章的数据来源于湖北省各个高校提供的就业数据，相关链接见本章的附件。由于上述数据是各个湖北省各个高校实际发生的数据，具有客观、准确、现实的特点。依据这些数据得出的结论也将是中肯的。

本章研究湖北省的大学生就业情况，但是湖北省内各个高校的情况存在很大的差异，有些属于专门的研究性机构，例如中科院武汉分院，专门以培育研究生为主，有些学校是综合性院校，有本科生和研究生，

有些学校主要培养的是本科生。为了统计的可靠性和可比性,本研究把大学生专门限定在湖北省的本科生,只分析了各个院校的本科生的就业情况。由于在进行研究中,有些院校并没有公开自己学校的毕业生的状态,造成本研究无法对湖北省所有的高校都找到有效的数据。因此只能把网络上能够寻找到的数据整合在一起形成本研究的研究数据库。

这些学校包括武汉大学、华中科技大学、华中师范大学、中南财经政法大学、华中农业大学、武汉理工大学等总计21所高校,详细学校名单见本章附件(名单排列随机,不具有特定含义)。

尽管数据只有21所高校,但是在湖北省有影响的高校,包括武汉大学、华中科技大学等都在列,因此数据库是具有代表性的,能够反映湖北省高校的普遍状态。

本章对湖北省20所高校近3年来所公布的就业质量年度报告中包含的数据信息进行提取、计算、再归纳整合,得到近60组样本数据,该数据库成为本研究的基础数据库。

2. 变量的选择

在变量的选择上,在吸收前文文献研究的基础上,本章自变量表见表5-2。

表5-2　　　　　　　　变　量　表

变量类型	表征	说明
因变量	就业率	排除国内升学及出国的部分,仅以协议就业率、灵活就业率、自主创业率加总作为就业率指标
自变量	学校层次	即是否为"211工程"大学,招聘单位为了节约招聘成本,往往会设置学历门槛,由于"211工程"大学的社会认可度高,其毕业生在就业市场上会有一定的优势。但另一方面,"211工程"大学的学生继续升学深造的机会较多,升学意愿更强,很多大学生会选择国内升学或出国深造而暂不就业。从理论上来说,学校是不是"211工程"重点大学会对该校大学生的就业率产生影响

续表

变量类型	表征	说 明
自变量	学校类别	包括综合类、理工类、师范类、财经类、文法类、民族类、艺体类、农林类等等。综合类高校的学科门类及专业设置较完善，而学科特色或专业性较强的高校致力于发展主导学科，故特定专业的优势较明显。
	生师比	是指学校专任教师数与折合在校学生数的比例，是本科教学评估中用来衡量高校办学水平是否合格的重要指标。由于教师在高等学校中的重要地位，"生师比"一直都是学校教学工作中的重要参考数据。它在一定程度上体现了中国高等教育规模的大小、高校人力资源利用效率，也侧面反映了高校的师资力量和办学质量
	学生基本情况	包括性别比和生源地分布
	性别比	反映了高校男女生的比例，性别比的值越大，代表男生在总体中的占比越大。总体而言在大学毕业生的就业市场上男生具有更大的优势，而女生由于种种原因在就业市场上可能遭遇"就业歧视"
	生源地分布方面	本章主要关注生源地为湖北省内或省外，省内外生源比的值越大反映来自省内的生源在总体中的占比越大，则该校招生越趋于本地化。在大学生就业时，省内生源选择在当地就业可能会有一些优势（如社会资本）
	学校就业工作情况	包含学校为学生提供的求职服务情况、举办的招聘会形式等

续表

变量类型	表征	说 明
自变量	学校求职服务	主要包括组织开展招聘会和发布招聘信息、提供就业实习或实践机会、开设职业生涯发展与就业指导课程、根据学生需求进行个性化就业辅导、提供就业创业支持、解读关于就业创业的政策、对社会人才需求信息进行搜集和整理、指导求职面试技巧以及简历制作等。学生及招聘单位对学校求职服务的满意度反映了学校为大学生就业提供的服务支持是否到位。用人单位来校举办的招聘会有多种形式,当前大部分高校已形成了以大型招聘会为核心、专场招聘会为主体、中小型组团招聘会和招聘信息发布为补充的校园招聘格局。专场招聘会的场次最多,通常由少数招聘单位共同举办或各单位单独举办,专场招聘活动的专业针对性最强,更便于学生找到适合自己或专业对口的工作
	招聘单位情况	包括招聘单位数、招聘单位性质、招聘单位地区等。招聘单位性质有党政机关、事业单位、企业单位、其他单位四个大类,党政机关和事业单位是体制内单位,而企业单位(包括国有企业、三资企业、民营企业等)和其他类单位属于体制外单位,虽然企业单位是大学生就业的主要去向,但是党政机关和事业单位因具有福利待遇好、工作稳定体面等优点,成为很多大学生的主要就业意向单位。招聘单位的不同性质会影响大学生的就业选择。招聘单位地区可以划分为东部地区、中部地区、西部地区、东北地区四个部分。东部地区的经济最发达,就业机会多,职业未来发展空间大,对毕业生吸引力较强。中部地区近年来在"中部崛起"战略的拉动下发展较为迅速,需要大批高素质人才落户助力城市发展,再加上距学校和家乡近的优势,对部分大学生尤其是省内生源具有很强的就业吸引力

续表

变量类型	表征	说　　明
自变量	学生个人选择因素	包括薪酬福利吸引力、工作与专业相关度等。薪酬福利包含工资待遇、福利待遇、社会保障等各方面，薪酬福利的吸引力越大，大学生选择就业的动力越大。大学生选择的工作与其所学专业的相关度在一定程度上可以反映高校的专业设置是否与市场需求相适应。若高校的专业设置能够很好地适应劳动力市场需求，则大学生更容易找到专业对口的工作，能更好地发挥其专业优势；反之，则大学生寻找专业对口工作的难度就会加大，或者是大学生由于专业对口工作的人才已饱和、待遇不好、行业前景不好等原因放弃专业对口工作而选择其他工作

（二）模型选择

由于各个高校的大学生就业质量报告的内容不统一，故在数据搜集结果中一些变量有很多缺失值。本文采取 OLS 回归方法对样本数据进行分析，通过逐步回归删去与被解释变量就业率的相关性不显著的解释变量，最终进入回归模型的解释变量共有 6 个，模型如式（5-1）所示：解释变量 x_1 至 x_6 分别为高校是否为"211 工程"重点大学、是否为综合类高校、是否为理工类高校、省内外生源比、专场招聘会数量、党政机关及事业单位在招聘单位中的占比；β_1 至 β_6 分别为上述各个解释变量的系数；β_0 为常数项。

$$Y=\beta_0+\beta_1 x_1+\beta_2 x_2+\beta_3 x_3+\beta_4 x_4+\beta_5 x_5+\beta_6 x_6+\varepsilon \tag{5-1}$$

（三）实证及其结果解读

对样本数据在 stata 软件下进行 OLS 回归分析的结果见表 5-3。

表 5-3　　　　　高校本科生就业率影响因素的回归结果

解释变量：	被解释变量：	就业率
"211 工程"大学	−25.800***	(3.639)
综合类大学	−12.169***	(3.258)
理工类大学	−9.459***	(3.189)
省内外生源比	0.251**	(0.099)
专场招聘会	0.201**	(0.090)
招聘单位中机关及事业单位占比	0.374***	(0.090)
常数项	69.030***	(9.570)
样本量	60	
R^2	0.801	
调整后 R^2	0.768	

Standard errors in parentheses：*** 表示 $p<0.01$，** 表示 $p<0.05$，* 表示 $p<0.1$。

回归模型的拟合系数 R^2 为 0.801，调整后拟合系数的 R^2 为 0.768，表明该回归模型可以解释被解释变量 76.8% 的变化，回归方程对样本的拟合程度较好。

检验整个方程显著性的 F 统计量之 P 值（Prob>F）为 0.0000，显示这个回归方程是高度显著的。

在控制了其他因素的条件下，"211 工程"大学比非"211 工程"大学的本科生就业率低 25.8 个百分点且在 1% 的置信水平上显著。这可能是由于"211 工程"大学的本科毕业生有更多的升学和出国机会，并且学生继续深造的意愿也更为强烈。近年来推免生在很多高校的研究生招生中占到了半数以上，"211 工程"高校的本科生有更多的通过夏令营和九月推免升学读研的机会，相对于在推免名额少甚至无推免名额的非"211 工程"大学就读的大学生具有很大的升学优势。从该角度而言，由于升学和出国深造的人数占比较大，"211 工程"大学的本科毕业生就业率比非"211 工程"大学低是合理的。

综合类大学和理工类大学的本科生就业率相对于其他专业型大学分别低 12.169 和 9.459 个百分点，且都在 1% 的置信水平上显著。这种情况可能是由于其他类型的大学（包括师范类、财经类、文体类、文法类等）的专业优势较突出，学科应用性较强，故本科生的就业形势更好。

省内外生源比与高校本科生就业率成正相关关系，且在 5% 的置信水平上显著。这是由于大学生选择就业地区时除经济发达的北上广深外，往往更倾向于选择生源地城市或邻近地区，省内外生源比的值越大，省内生源占比越多，省内生源在本地就业可以充分发挥社会资本等优势，降低其就业难度，这会对高校的就业率产生正向影响。

在控制了其他变量的情况下，举办专场招聘会的场次越多，高校的本科生就业率越高，平均而言多举办一场专场招聘会可使高校的本科生就业率提高 0.201 个百分点，该结论在 5% 的置信水平上显著。专场招聘会是指由特定参会企业举办或特定人员参加应聘的招聘会，或针对某一行业某一领域专门人才的招聘会，由于参会企业的招聘要求和应聘人员的范围都比较明确，招聘活动的效率更高。招聘单位中党政机关及事业单位占比与高校的本科生就业率成正相关关系，这在一定程度上反映了部分大学生对进入体制内单位获得稳定体面的工作的偏好，近年来的"公务员热"正是这种趋势的反映。

四、政策建议

2015 年中国政府颁布的《中国制造 2025》提出，坚持"创新驱动、质量为先、绿色发展、结构优化、人才为本"的基本方针，努力把中国由制造业大国建设成为制造业强国。在这一转型过程中，受过高等教育的高素质劳动力将成为技术创新、技术吸收、技术应用的关键要素。对于高校毕业生就业而言，经济新常态既是挑战，也是机遇。高校毕业生是最宝贵的人力资源，如何使他们得到充分利用和有效配置，对于中国经济长期可持续健康发展至关重要。

鉴于此，结合实证分析结论，本研究提出高校促进就业的对策和措施如下：

（1）与时俱进，依据市场的变化状态，相应对专业和课程设置进行调整和改革，符合时代的特征。高校应以每年发布就业质量报告为契机，建立健全人才培养反馈机制，根据劳动力市场需求和毕业生就业情况不断调整优化招生计划、专业和课程设置以适应经济新常态下产业转型升级的需要。对社会需求即将或已经饱和、就业难度较大、就业率较低的专业予以减少招生或停止招生，对预期未来社会需求较大的专业（如电子商务类和大数据等专业）适当增加招生计划；

（2）学校要树立服务意识，在积极联系用人单位，吸引用人到位本高校来吸纳学生进行校招上，有很多可以作为的手段。高校要采取有效措施大力拓展就业市场，主动要求国家机关、事业单位及其他重点单位、重要行业龙头企业来校开展招聘活动，不断优化来校招聘单位的结构。积极帮助来校招聘单位组织专场招聘会，为招聘活动提供场地、信息发布及其他服务的全面支持，努力保障高素质人才从学校到单位输送渠道的畅通，提高单位招聘的效率；

（3）建立信息平台，为学生就业搭建起通向就业的直通车，消除学生和用人单位之间就业信息的不对称性问题，解除学生和用人单位之间的后顾之忧。应搭建精准供需信息对接平台，建立起毕业生求职意愿和用人单位岗位需求信息数据库，以就业信息网、微信公众号、各类信息通知群为载体，为学生提供全面及时准确的就业信息，提高学生的求职效率。

（4）培育学生的竞争力。学校需要不断深化教育教学改革，加强特色优势学科建设，提升学校的学科实力和综合实力，提高毕业生培养质量，增强其就业竞争力，使得学生在工作岗位上能够适应自己的工作岗位，并在工作岗位上建功立业。积极适应国家或地区发展战略对人才的需求，围绕"一带一路""中部崛起""长江经济带""百万大学生留汉创业就业工程"等，培养高素质专业人才，为重点地区、重点行业、重点项目输送优秀毕业生。

（5）学校对学生的职业规划问题进行培训，让学生能够对自身的发展形成准确的定位。探索学校与政府部门、重点企业等单位间的协同育人机制，通过建立产教融合的实习实践基地为大学生进行职业生涯探索尝试和积累实践经验提供平台，培养应用型专业人才。坚持学生培养过程的就业导向性，聘请职业发展指导的专业人才开展就业创业指导课程、职业生涯规划课程、求职与面试技巧指导、个性化职业规划咨询等全方位、多渠道、高质量的就业指导服务；

（6）政府应大力促进经济发展，加快转变经济发展方式和促进产业结构优化升级，增加社会就业岗位的有效需求，并通过政策支持鼓励高校毕业生创业带动就业；建立更加规范完善的就业市场，深化制度改革，为大学生就业创造良好制度环境和公平有序的竞争环境；政府和高校有关部门特别要警惕高校毕业生就业过程中的不公平现象，更多地关注弱势地区和弱势群体，提高大学生就业的公平性；进一步深化教育体制改革，创新人才培养模式，提高高等教育的质量。大学生自身也应树立正确的择业观和就业观，注重提高自身综合能力素质及就业竞争力。

◎ 参考文献

[1] 徐莉，郭砚君. 大学生就业质量与社会资本关系研究 [J]. 中南民族大学学报，2010，30（5）：85-88.

[2] 姚裕群. 中国大学生就业难问题演变与近期发展趋势 [J]. 人口学刊，2008（1）：10-14.

[3] 吴鹏森. 发展与就业：当代中国就业问题研究 [M]. 上海人民出版社，2017.

[4] Walter R. Heinz, From education to work: cross-national perspective. Cambridge University Press, 1999.

[5] Schultz, T. W. Investment in human capital [J]. The American Economic Review, 1961 (51): 1-77.

[6] Becher, G. S. Human capital: A theoretical and empirical analysis, with special reference to Education [M]. New York: National Bureau of Economic Research, 1975: 11.

[7] Granovetter, M. The Strength of Weak Ties [J]. American Journal Sociology, 1973 (78): 1360-1380.

[8] Nan Lin. Social Capital: A Theory of Social Structure and Action [M]. Cambridge: Cambridge University Press, 2001: 42.

[9] 杨伟国, 王飞. 大学生就业: 国外促进政策及对中国的借鉴 [J]. 中国人口科学, 2004 (4): 67-73.

[10] 喻名峰, 陈成文, 李恒全. 回顾与前瞻: 大学生就业问题研究十年 (2001-2011) [J]. 高等教育研究, 2012 (2): 79-86.

[11] Peter M B, Qtis Dudley Duncan. The American Occupational Structure [M]. New York: John Wiley Press, 1967: 215-302.

[12] Rotkowski J. Rapid Labor Reallocation with a Stagnant Unemployment Pool: The puzzle or the Labor Market in Lithuania [R]. World Bank Policy Research Working, 2003: 2496.

[13] 杜桂英, 岳昌君. 高校毕业生就业机会的影响因素研究 [J]. 中国高教研究, 2010 (11): 67-70.

[14] 岳昌君. 求职与起薪: 高校毕业生就业竞争力的实证分析 [J]. 管理世界, 2004 (11): 53-61.

[15] 闵维方, 丁小浩. 2005年高校毕业生就业状况的调查分析 [J]. 高等教育研究, 2006, 27 (1): 31-38.

[16] 田永坡. 人力资本一般性和专有性对大学生就业的影响 [J]. 北京师范大学学报, 2004 (3): 105-110.

[17] 李炜, 岳昌君. 2007年高校毕业生就业状况的调查分析 [J]. 清华大学教育研究, 2009 (1): 88-95.

[18] 陈成文, 谭日辉. 人力资本与大学生就业的关系 [J]. 高等教育研究, 2004 (6): 31-35.

[19] 岳昌君, 等. 高校毕业生就业特点及其变化趋势 [J]. 教育发展研究, 2008 (7).

[20] 黄敬宝. 自身因素与大学生就业结果的实证分析 [J]. 高教探索, 2007 (4).

[21] 黄敬宝. 中国大学生就业的影响因素探究 [J]. 中国人力资源开

发，2009（12）：6-8.

[22] 徐莉，郭砚君. 大学生就业质量与社会资本关系研究 [J]. 中南民族大学学报，2010，30（5）：85-88.

[23] 陈成文，谭日辉. 社会资本与大学生就业关系研究 [J]. 高等教育研究，2004（4）：29-32.

[24] 郑洁. 家庭社会经济地位与大学生就业 [J]. 北京师范大学学报（社会科学版），2004（3）：111-118.

[25] 岳昌君，丁小浩. 影响高校毕业生就业的因素分析 [Z]. 中国教育经济学年会论文，2003.

[26] 胡永远. 个人社会资本对大学生就业市场的影响 [J]. 中国人口科学，2007（6）：61-67.

[27] 陈迎明. 影响大学生就业因素研究十年回顾：2003—2013——基于CNKI核心期刊文献的分析 [J]. 现代大学教育，2013（4）：35-44.

[28] 刘晓瑜. 基于回归模型的大学毕业生就业影响因素实证分析 [J]. 江西财经大学学报，2008（2）.

[29] 周骏宇. 二元经济背景下大学生的择业观 [J]. 国家教育行政学院学报，2010（5）：72-76.

[30] 黄亚楠. 就业期望：经济学类大学生就业影响因素研究 [J]. 教育学术月刊，2014（8）：86-91.

[31] 钱明霞，等. 高校毕业生就业影响因素的灰色关联度分析——以江苏为例 [J]. 辽宁教育研究，2008（5）.

[32] 刘红艳，等. 大学生就业影响因素分析与对策 [J]. 出国与就业，2012（2）.

[33] 文新华，李锐利，张洪华. 关于大学生就业心态的调查 [J]. 教育发展研究，2004（9）：48-51.

[34] 杨伟国. 借重"看得见的手"——谈谈国外对大学生就业的政策支持 [J]. 求是，2004（6）：58-60.

[35] 陈成文，杨歌舞. 就业政策与大学毕业生就业关系研究 [J]. 高等教育研究，2008（11）：88-93.

[36] 张宏远, 杨淼. 论金融危机下中国大学生就业的新形势 [J]. 山西财经大学学报, 2010 (S1): 268.
[37] 陈喆. 现阶段大学毕业生就业困难与择业定位分析 [J]. 社会, 2004 (8): 37-39.

附件：本章部分数据来源

学校	年份	网　址
武汉大学	2017	http://info.whu.edu.cn/info/1781/175509.htm
	2016	http://info.whu.edu.cn/info/1781/166860.htm
	2015	http://info.whu.edu.cn/info/1781/146315.htm
华中科技大学	2017	http://job.hust.edu.cn/notice/362432.htm
	2016	http://job.hust.edu.cn/news/131651.htm
	2015	http://job.hust.edu.cn/news/2000.htm
华中师范大学	2017	http://www.ccnu.edu.cn/info/1075/25592.htm
	2016	http://www.ccnu.edu.cn/info/1075/15204.htm
	2015	http://www.ccnu.edu.cn/info/1075/15490.htm
中南财经政法大学	2017	http://xxgk.zuel.edu.cn/contents/110/427.html
	2016	http://xxgk.zuel.edu.cn/contents/110/387.html
	2015	http://xxgk.zuel.edu.cn/contents/110/347.html
华中农业大学	2017	http://upload.hzau.edu.cn/2018/0102/1514851060803.pdf
	2016	http://www.doc88.com/p-2186355928182.html
	2015	http://yz.kaoyan.com/hzau/zixun/5698baab17877.html
武汉理工大学	2017	http://xxgk.whut.edu.cn/xsgl/xsjy/zlnb/201801/t20180105_294284.shtml
	2016	http://xxgk.whut.edu.cn/xsgl/xsjy/zlnb/201701/t20170104_255535.shtml
	2015	http://xxgk.whut.edu.cn/xsgl/xsjy/zlnb/201601/t20160101_218588.shtml

续表

学校	年份	网　址
三峡大学	2017	http：//jy. ctgu. edu. cn/news/view/aid/162478/tag/tzgg
	2016	http：//jy. ctgu. edu. cn/news/view/aid/70735/tag/tzgg
	2015	https：//wenku. baidu. com/view/082da22b941ea76e59fa04a2. html
中国地质大学（武汉）	2017	http：//www. cug. edu. cn/info/10508/89592. htm
	2016	http：//www. cug. edu. cn/info/10508/87066. htm
	2015	http：//www. cug. edu. cn/info/10508/88484. htm
中南民族大学	2017	http：//job. scuec. edu. cn/eweb/jygl/index. so？ modcode = jyw_xwgg & subsyscode = jyw & type = view & newsType = jygg & id = AML5z6qj6F9TsybMK2YTmP
	2016	http：//job. scuec. edu. cn/eweb/jygl/index. so？ modcode = jyw_xwgg & subsyscode = jyw & type = view & newsType = jyw & id = 46KgJPM4cxpfoKG6zAQrwv
	2015	http：//job. scuec. edu. cn/eweb/jygl/index. so？ modcode = jyw_xwgg & subsyscode = jyw & type = view & newsType = jygg & id = TihBFHtyEeMSimW8JQUjXR
武汉轻工大学	2017	http：//jyb. whpu. edu. cn/NewsShow. aspx？ ptype =% E4% BF%A1% E6% 81% AF & Type =% E9% 80% 9A% E7% 9F% A5%E5%85%AC%E5%91%8A & id = 8261
	2016	http：//jyb. whpu. edu. cn/NewsShow. aspx？ ptype =% E4% BF%A1% E6% 81% AF & Type =% E9% 80% 9A% E7% 9F% A5%E5%85%AC%E5%91%8A & id = 6130
	2015	http：//jyb. whpu. edu. cn/NewsShow. aspx？ ptype =% E4% BF%A1% E6% 81% AF & Type =% E9% 80% 9A% E7% 9F% A5%E5%85%AC%E5%91%8A & id = 4225

续表

学校	年份	网　　址
武汉科技大学	2017	http：//wust.91wllm.com/news/view/aid/162756/tag/xwkd
	2016	http：//wust.91wllm.com/news/view/aid/161672/tag/xwkd
	2015	http：//wust.91wllm.com/news/view/aid/161635/tag/xwkd
武汉体育学院	2017	http：//www.whsu.edu.cn/info/1195/4677.htm
	2016	http：//www.whsu.edu.cn/info/1195/3725.htm
	2015	http：//www.whsu.edu.cn/info/1195/2575.htm
湖北经济学院	2017	http：//xxgk.hbue.edu.cn/51/9c/c6371a151964/page.htm
	2016	http：//xxgk.hbue.edu.cn/f2/59/c6371a127577/page.htm
	2015	http：//xxgk.hbue.edu.cn/fc/18/c6371a130072/page.htm
江汉大学	2017	http：//www.jhun.edu.cn/83/98/c225a99224/page.htm
	2016	http：//www.jhun.edu.cn/_upload/article/files/75/e2/d938e59845dab8bd82e958eb01ed/ab5652f7-8dd2-4538-b75f-3ef63e60d4e5.pdf
	2015	http：//www.jhun.edu.cn/5e/b3/c225a24243/page.htm
湖北工程学院	2017	http：//hbeu.91wllm.com/news/view/aid/162100/tag/tzgg
	2016	http：//hbeu.91wllm.com/news/view/aid/48380/tag/tzgg
	2015	http：//hbeu.91wllm.com/news/view/aid/48356/tag/tzgg
武汉工程大学	2017	http：//jyb.wit.edu.cn/detail/news?id=49678&type_id=94
	2016	http：//jyb.wit.edu.cn/detail/news?id=11592&type_id=94
	2015	http：//yz.kaoyan.com/wit/zixun/5696199532d22.html
武汉纺织大学	2017	http：//xwgk.wtu.edu.cn/info/1028/1345.htm
	2016	http：//www.doc88.com/p-6734900563334.html
	2015	http：//xwgk.wtu.edu.cn/info/1028/1185.htm
长江大学	2017	http：//yangtzeu.91wllm.com/news/view/aid/162127/tag/tzgg
	2016	http：//yangtzeu.91wllm.com/news/view/aid/74071/tag/tzgg

续表

学校	年份	网　　址
湖北文理学院	2017	http：//hbuas.91wllm.com/news/view/aid/161946/tag/tzgg
	2016	http：//hbuas.91wllm.com/news/view/aid/72230/tag/tzgg
湖北工业大学	2017	http：//jy.hbut.edu.cn/news/view/aid/168175/tag/tzgg
	2016	http：//jy.hbut.edu.cn/news/view/aid/71424/tag/tzgg
	2014	http：//www.hbut.edu.cn/contents/49/28700.html
湖北大学	2017	http：//www.hubu.edu.cn/info/1071/27146.htm
	2016	http：//www.hubu.edu.cn/info/1071/24726.htm
	2014	https：//wenku.baidu.com/view/a9bbe051dd36a32d73758171.html

第六章 湖北省现代服务业就业因素影响分析

一、研究背景

在当代社会,以知识密集型为特征的现代服务业发展水平是衡量社会经济发展程度的重要指标,也是评价一个国家和社会现代化程度的重要标准。根据发达国家的经验,在工业化的中后期,发展现代服务业是提高经济运行质量和效率的重要途径。目前中国进入了工业化中后期,现代服务业发展步伐逐步加快,但是,总体上中国现代服务业的发展水平仍然较低,在未来15至20年,中国的现代服务业将进入迅猛发展的阶段。现代服务业不仅是全面建设小康社会时期国民经济可持续发展的主要增长点,也是减缓社会成员就业矛盾的主要途径。

湖北省作为中部大省,在2017年各省份的生产总值排序中位列全国第七,三次产业结构2016年是11.2∶44.9∶43.9,到了2017年,三次产业结构为10.3∶44.5∶45.2。湖北省第三产业比重开始超过第二产业比重,服务业成为产业结构的主流。依据配第-克拉克定理,劳动力最终从第二产业和第一产业向第三产业转移是社会经济发展的必然趋势。与时俱进的是,现代服务业的发展为劳动力转移提供了新的出路。没有现代服务业的就业吸收功能,就无法完成从第一产业向第二产业、第三产业的产业结构梯度演变过程,产业结构调整升级就是空谈。

因此,研究现代服务业就业的影响因素是一件有意义的事情,表现在:

（1）探究现代服务业的发展和促进就业效应间的关系可以帮助我们认清经济现象的本质，协助政府制定相应的产业发展政策，也可以引领劳动者更好地就业，这是与时俱进的一个课题。现代服务业作为不断崛起的引导经济发展的主动力，对于经济增长和经济结构改善均具有助推作用。同时，现代服务业的特征是加剧分工链条深化和具有信息、技术密集性，具有创造和吸收就业的重要功能。关于影响劳动力就业因素的分析已经较为全面，但多是从总体出发，没有考察具体行业领域内的影响方式及程度。本研究从现代服务业这一特殊行业领域内出发，对影响劳动力就业的因素进行具体范围内的考察，以期形成对该问题更为深入的理解。

（2）劳动力向现代服务业集聚是一个社会发展的基本规律，但是这个基本规律之下，有很多细节需要厘清。对现代服务业中劳动力就业影响因素的研究就是厘清这个细节的一种尝试。它有益于认识劳动力就业影响因素对于现代服务业就业的作用过程和作用机制，这种认识，将丰富和深化我们对于劳动力集聚于服务业基本规律的认识。

（3）研究的有关结论和成果可以对实践起到指导功能。本研究的分析结论，有助于归纳有针对性的政策建议。理性认识各种影响劳动力就业因素在现代服务业发展中的作用，可以为相关政策制定部门提供有针对性的借鉴，从而科学引导劳动力与产业间的良性互动关系，以期有效合理地改善劳动力结构、制定审慎的现代服务业发展路线。

二、国内外相关研究分析

（一）国内外研究现状

通过对当前现代服务业和劳动力就业有关的研究文献分析，本研究得出了当前国内外关于现代服务业就业的影响因素研究的主要关注点。这些关注点包括：

1. 现代服务业的概念及其由来

"现代服务业"在中国最早出现在中国共产党的十五大报告之中。此后,该词频繁被政府提及,成为一个独具中国特色的经济概念。党的十五大报告指出社会主义初级阶段"是由农业人口占很大比重、主要依靠手工劳动的农业国,逐步转变为非农业人口占多数、包含现代农业和现代服务业的工业化国家的历史阶段"。在2000年的中央经济工作会议上,政府再一次说明要在改造升级传统服务业的基础上,主动发展诸如信息、旅游、咨询、会计等新涌现的服务行业。2000年10月,党的"十五"工作计划中提到要发展现代服务业。党的十六大报告指出,"争取不断提高服务行业的覆盖领域,提高现代服务业在国民经济系统中的比例"。在2005年,现代服务业被列为国家中长期科学和技术发展规划纲要的20个主题之一。党的十七大指出,要大力发展现代服务业,不断提升服务业的质量和经济比重。在2011年颁布的"十二五"规划纲要中,有四处提及现代服务业,明确表示要"着力培育产业竞争新优势,加快发展战略性新兴产业、现代服务业和先进制造业"。在2012年1月,中国科技部发布了一则通知,该通知名为《现代服务科学技术发展"十二五"规划通知》,明确规定了现代服务业的内涵,划分了归属于现代服务业的细分行业。

在国外,西方并未提出过"现代服务业"概念,但是在研究服务业过程中,有"高级生产性服务业""知识性服务业"和"知识密集型服务业"等概念,这些概念的含义与中国的现代服务业的概念较为接近。"知识性服务业"(Knowledge-based Service Industry)这一概念常被美国学者使用,用于表现服务业的新变化趋势。美国商务部将其定义为"为工程、科学、技术和其他领域提供服务或协助科学、工程和技术行业驱动的服务行业"。"高级生产性服务业"(Advanced Producer Service,APS)由美国经济学家Greenfield最先提出,其界定为生产者在服务业市场上购买的所需服务,是面向生产或是商务活动而不是面向个别消费者的服务。后来的学者科菲和贝利又强调了生产性服务业能够满足企业的中介性质的独特需求,被用于生产最终消费品或服务。之后 Castells 首创提出高级生产性服务业，他认为未来的服务形式将会以"流"（flow）的形式来提供。"知识密集型服务业"这一特殊的概念最先由欧盟的委员会提出并使用，学者迈尔斯认定属于该分类的服务业有三个大的特点：一是极度依赖专业化的知识，二是它们还可以创造知识并使用这些知识，三是这类服务业对于商业非常重要。这类服务业的核心本质是创新、累积并使用知识。学者 Den Hertog 赋予这类行业的另一种内涵为：这类行业凭借科学技术知识，创造协助科技发展的中间产品或是提供相关服务。

2. 现代服务业产生动因研究

国内理论界对于现代服务业产生动因有两种观点：

第一种，强调现代服务业依托于现代高新技术而发展起来。例如，刘有章、肖腊珍提出现代服务业不同于传统服务业，其内涵更为广泛，是国民经济的新涌现领域，该类行业依托现代的信息科学技术发展，持有现代的管理理念，为社会提供优质的生活服务和生产服务。包含两大类：一类是具有补充性质的服务行业，像是银行证券行业、信托保险行业、租赁服务业等现代金融业，建筑工程、物业管理、装饰装修等房地产业，会计核算、审计审查、评估核算、法律服务等中介性质的服务业；另一类是在经济发展过程中新涌现的服务业，如网络、移动通信、直播媒体、电子竞技、咨询等信息服务、教育培训、电子商务、现代物流等新兴产业。

第二种，强调现代服务业主要是为企业、组织和政府提供服务的。例如，来有为等认为现代服务业（又称现代生产者服务业）是为生产、经营活动和政府管理提供服务的服务行业，它们不是为最终消费提供服务而存在。晁钢令认为现代服务业的发展是为了满足企业和其他社会组织加强和外部化经营活动（公务活动）功能的需要，它为企业和其他社会组织的经营活动（公务活动）提供服务，帮助有关行业部门降低成本，扩大职能，提高效率。

3. 现代服务业的分类研究

国内对于现代服务业的分类研究一般是以国家统计局发布的《国

民经济行业分类与代码》为依据准则,根据研究问题的不同而给出定义,做出相适应的理解与阐述。

学者安筱鹏认为,关于现代服务业的分类并没有一个统一、权威的分类体系,他根据现代服务业的概念和其他学者的分类,提出可以将现代服务业具体划分为四个大类:基础服务业、生产性服务业、个人消费服务业和公共服务业。

孟潇、聂晓璐、纪若雷以统计局第三产业划分为基准,借鉴了国际产业分类原则,根据服务业所提供的商品特性,将现代服务业划分为:消费性现代服务业、生产性现代消费业和现代社会服务业。消费性现代服务业提供面向消费者的最终服务;生产性现代服务业提供面向生产者的中间商品;现代社会服务业提供由政府主导的具有公共产品属性的服务。

4. 现代服务业与就业的关系研究

在20世纪30年代,经济学家就发现,随着一个国家的逐渐向前发展和人民收入水平的提高,劳动力会主动地从农业转移到非农产业,并最终转移到第三产业中去,这种劳动力转移的非农化倾向规律被后人总结为"配第-克拉克定律"。

国内学者也对配第-克拉克定律进行了分析。例如,学者郭克莎(2001)以服务业与就业的关系为切入点,从三次产业的结构差异变动以及服务业自身结构变动中去研究服务业,用计量方法从实证角度测算了中国产业结构的变动程度,为"产业结构变动保障了中国经济的快速增长和就业的增加"这一观点提供了在数量关系上的研究支撑。宋晓丽(2004)、夏杰长(2000)、张春煜(2004)等学者都针对中国三次产业的劳动力吸纳能力做出过各自的实证分析,他们的共性结论是认为第三产业将会成为国民经济增长的引擎,并且其吸纳劳动力的数量大于其他两个产业。

这种研究为了解中国的服务业和就业的关系提供了线索,美中不足的是,它们都是建立在服务业而不是现代服务业的基础上,由此也可以看出当前现代服务业研究的薄弱之处。

5. 服务业就业影响因素的研究

服务业就业影响因素的研究是当前的一个研究热点。例如，吴宏洛等在分析服务业和就业关系的过程中，选取了城市化指标来考察其对于服务业就业的影响。徐杏选取了消费结构、产业结构和就业结构这三个视角对服务业就业进行了联动分析，研究结果显示凭借消费需求在产业结构调整中的主导作用，可以促进消费结构的革新和产业结构的升级。此外，可以不断发展科学技术，深刻改造劳动力技术结构，创新技术的组织发展方式，主动培养消费者的潜在需求，促进就业的增加，实现产业结构的优化调整，最终达到促进经济发展的目的。

这种研究的缺陷也在于研究主要局限于服务业就业的影响因素而不是现代服务业就业的影响因素。

(二) 国内外研究的评价

针对国内外的研究现状，本研究认为，这些研究是中肯的。但是本研究依然认为，这些研究存在着一些缺陷，表现在：

（1）关于现代服务业就业影响因素的研究中，很多研究都局限于某一个因素的分析，比如城市化，或者消费结构等。这种研究手法很难讲就是彻底错误的，但是我们认为，现代服务业就业的影响因素是对现代服务业就业有影响的多种因素共同和综合作用的结果，简单认为影响现代服务业就业的因素是某一个单一因素，是有失偏颇的，只有在研究中，对各种因素对现代服务业的作用机制进行综合考虑、辨识，才可以得出比较中肯的结论。其次，由于现代服务业相对而言是一个全新的概念，属于新生事物，当前的很多研究还是在一般意义上研究普遍性服务业的问题，而没有把焦点聚焦于现代服务业上。

（2）服务业就业影响因素的研究范围是在中国范围内，从整体上进行研究。这种研究得出的结论反映了中国整体的现实，缺乏对于各个特定地域范围内特定情景的专题研究。中国的国土辽阔，从寒冷地区到温暖地区，每个地区的产业结构并不相同，经济发展状态也千差万别，因此有必要针对特定地区，进行一个专题的研究。鉴于此，本研究选择湖北省的现代服务业的就业影响因素作为研究的主题。选择这个主题的原因在于，湖北省地处中部，九省通衢，是中国南北相互链接的结合点，连接着中国的中部和西部，是各种物资、信息的交换中心。随着国家把武汉市作为中国芯片产业的发展中心，湖北省武汉市成为现代服务业发展的典型城市，适合开展相关的工作。

对于上述研究缺陷，本研究将以湖北省的现代服务业为立足点，来分析湖北省现代服务业发展的影响因素，力图为湖北省现代服务业的发展提供一些智力思考。

三、现代服务业就业影响因素分析的理论框架

（一）现代服务业促进就业增长的路径分析

现代服务业增加社会就业主要通过如下几种方式进行：

（1）行业自身发展以及服务业特征引致的对于劳动力的强吸纳作用；

（2）现代服务业从业者享有的高收入水平带来的高消费再经由收入乘数作用，带动整个经济体的就业增加；

（3）现代服务业与其关联产业间的互相消耗、配套需求以及示范作用，带动其他产业的就业；

（4）现代服务业内部的技术进步不断刺激消费市场内的新需求来促进相关产业的发展，而后带动就业；

（5）现代服务业不断改良劳动力供给者的素质以适应不同的市场需求、提升劳动力市场运行效率、减少信息不对称性而增进就业。

上述影响过程可以用图6-1的路径表征出来。

（二）研究工具

本研究的工具有2个，就业弹性和结构偏离度。本研究的研究思路是，利用回归模型实证测算湖北省现代服务业的就业弹性系数和其中各

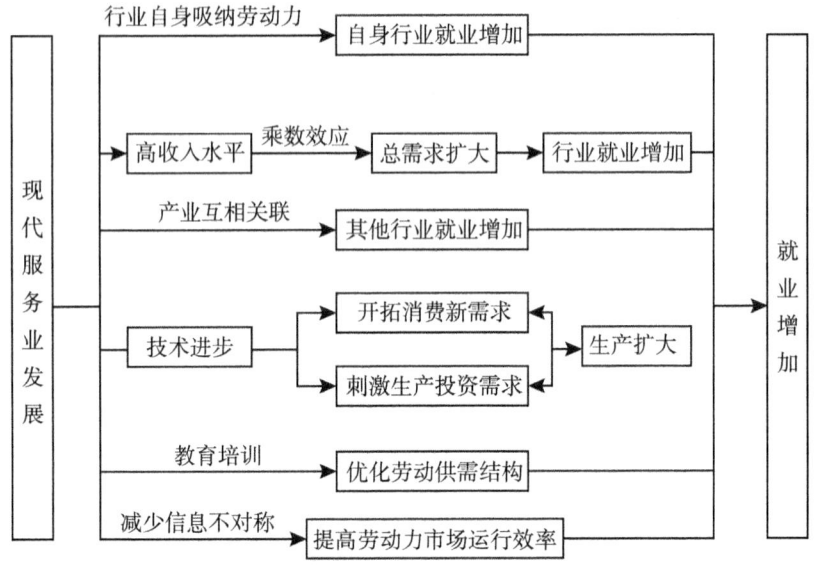

图 6-1 现代服务业促进就业增长路径

个细分行业的就业弹性系数,再利用差分方法测量不同年份中的湖北省现代服务业的就业弹性系数。通过这两种手段实现对湖北省现代服务业就业的影响因素侦测。

(1) 就业弹性。

在研究产业经济发展与就业之间的相关关系时,主要使用的工具是就业弹性。

就业弹性是指就业增长率比上经济增长率的数值,它代表着经济增长率变动1%时,就业增长率变动的百分比值,即:就业弹性系数=就业增长率/产值增长率。在正常的情形下,就业弹性系数一般处于0和1之间,影响该系数的因素主要有经济体结构和劳动力成本等。劳动力的就业成本主要由就业所需的资本数量和劳动力成本构成,假如劳动密集型企业、组织在社会经济系统中占据较高比例,就业成本会相对较低,就业弹性则相应更高。维持较高的就业弹性对于经济系统内部的就业具有重要的意义。

就业弹性的计算方法有两种：第一种是用回归模型来完成，第二种是利用差分方法来完成。

在借鉴中科院国情分析小组的研究成果的基础上，本章采用回归模型来完成。该模型认为经济增长与就业量之间是非线性关系，用公式描述为如下形式：

$$L = \int(Y) = AY^{\alpha} \quad (6\text{-}1)$$

其中，L 为某一产业的就业人数，Y 为对应的经济产值，A 为常数项，α 为就业弹性系数。

对公式（6-1）两边取对数进行简化，得到如下形式：

$$\ln L = \ln A + \alpha \ln Y \quad (6\text{-}2)$$

对公式（6-2）进行差分处理，得到公式（6-3）：

$$\mu = (\Delta L/L) / (\Delta Y/Y) \quad (6\text{-}3)$$

其中，μ 为就业弹性系数，L 为某一产业就业人数，ΔL 为就业人数的变化量，$\Delta L/L$ 为就业人数增长率，Y 为经济产值，ΔY 为经济产值的增加量，$\Delta Y/Y$ 为经济产值增加率。

公式（6-3）中，当 $\mu<0$ 时，表示经济产值的增加会抑制就业数量的增加；当 $\mu>0$ 时，表示经济产值的增加会促进相应就业人数增多，μ 的数值越大，就代表着就业量会因经济增长率的增加而大幅增加，产业的发展对于就业的帮助也就越明显，存贮劳动力的数量也会更多，相反该作用越不明显。

（2）产业结构偏离度。

产业结构偏离度指各产业增加值的比重与相应的劳动力比重的差异程度。国民经济系统三类产业的生产率不尽相同，某一类产业的产值结构与相应的就业结构不均衡的现象就是产业结构的偏离度，即某一产业总量占 GDP 的比例与该产业就业人数占总就业人数的比例不相等。

在新古典经济学的收入分配理论中，劳动要素所得取决于对应的劳动生产率。在完全竞争经济环境下，劳动要素可获取的收入等于劳动力的边际劳动生产力，这也就意味着如果国民经济系统中的三类产业相互连通，产业之间不存在阻碍劳动力流动的阻力，劳动力会选择使自身收益最大化的产业就业，长此以往三类产业间的收入水平在供求关系的作用下会趋于一致，也就是理论中的三类产业最终的劳动生产率会逐渐趋同，产业结构偏离度趋向于零。这个结论已经得到过一些经济学家的实证验证，并被总结成了产业发展与演进的国际标准模式，如表6-1所示。

表6-1　　　　　　产业结构偏离度演进的理论模式

模式	人均GDP（$）	产业结构偏离度		
		第一产业	第二产业	第三产业
库兹涅茨模式（1971）	70	34.5	-11.8	-22.7
	150	27.6	-11.4	-16.2
	300	19.5	-10	-9.5
	500	12	-6.3	-5.7
	1000	6.8	-3.1	-3.7
钱纳里、艾金通和西姆斯模式（1970）	100	21.8	-3.9	-17.8
	200	22.7	-3	-19.7
	300	19.5	-2.6	-16.9
	400	16.9	-2.1	-14.8
	600	13	-1.4	-11.6
	1000	10	-0.7	-9.3
	2000	7.4	0	-6.4
	3000	-1.54	1.2	2.9
赛尔奎因和钱纳里模式（1989）	<300	33	-1.4	-19
	300	35.5	-19	-16.5
	500	33.4	-20.4	-12.9
	1000	28.9	-20	-8.7
	2000	22.7	-17.8	-4.9
	4000	14.5	-13	-1.5

从表 6-1 可以看出，随着人均 GDP 的增长，就业结构与三大产业产出结构的产业结构的偏差程度将逐渐降低，直至波动到 0 左右。$d<0$ 时，代表产业的劳动力吸纳状态比较饱和；$d>0$ 时，代表产业有空间继续吸纳劳动力。

产业结构偏离度用如下公式计算：

$$d = (Y/V)/(L/N) - 1 \qquad (6-4)$$

其中，D 为产业结构偏离度，Y 为某一产业产值，V 为 GDP 总量，Y/V 为相应产业的产值占比，L 为就业人数，N 为总就业人数，L/N 为该产业的就业人数占比。

四、现代服务业就业增长效应的实证分析

（一）变量选择和数据范围

本研究的变量包括：GDP 产值、总就业人数、现代服务业从业人数、现代服务业的产业增加值。现代服务业产值增加值比重为产值增加量除以相应的 GDP，现代服务业的就业比重为现代服务业从业人数除以总就业人数。

本研究的数据来源于湖北省统计局网站（http://tjj.hubei.gov.cn/）。

现代服务业的统计学含义是第三产业中去掉了技术含量较低的三个大类行业之后剩下的十一大类产业。去掉的产业包括批发零售和住宿餐饮、交通运输和邮政仓储。这种做法是在综合考虑本研究的研究对象和参考其他研究文献后决定的。

（二）实证分析及结果解读

1. 实证分析

依据 2005—2017 年现代服务业的就业人数和现代服务业的基础数据，利用 Stata 12.0 对公式（6-2）进行了 OLS 回归统计，回归估计结

果如下:

$$\ln L = 3.201791 + 0.274685\ln Y \quad (6\text{-}5)$$

其中，$R^2 = 0.9826$ 　　$R^2_{\text{Adj}} = 0.9811$ 　　$F = 622.30$

R^2 为 0.9826，F 值为 622.30，对应概率是 0.0000，相应的常数项和弹性系数的 t 统计量都通过了 1% 和 5% 的显著性检验。

2. 结果解读

由此，有如下结论：在 2005 年至 2017 年期间，湖北省现代服务业的经济产出与湖北省现代服务业就业人数之间存在正相关关系，相应的就业弹性系数为 0.274685，结果表明湖北省现代服务业对就业有一定的促进作用，该产业的产值每增长 1%，现代服务业的就业人数就能够增加 0.274685%。

由于现代服务业的产值在 2011 年出现拐点，以 2011 年对 2005—2017 年做分段回归，分为 2005—2011 年和 2012—2017 年两个时间段，结果如表 6-2 所示。2012 年至 2017 年期间的就业弹性系数为 0.2922623，这一数值高于 2005 年至 2011 年期间的 0.2110702，这说明自 2012 年以来湖北省现代服务业的不断发展对于就业的助推作用愈发明显。

表6-2　2005—2017 年湖北省现代服务业的产值与就业人数回归结果

年份	A	α	R^2	$R^2_{A\text{dj}}$	F 值
2005—2017	3.201791 (0.000)	0.274685 (0.000)	0.9826	0.9811	622.30 (0.0000)
2005—2011	3.698494 (0.000)	0.2110702 (0.000)	0.9639	0.9567	133.56 (0.0001)
2012—2017	3.051326 (0.000)	0.2922623 (0.000)	0.9725	0.9656	141.27 (0.0003)

注：括号（）中的数值为对应的概率值。

湖北省现代服务业内部不同行业的就业弹性也存在着一定的差异。

2005年至2017年中不同行业的就业弹性见表6-3。

表6-3 2005—2017年湖北省现代服务业不同行业就业弹性的回归结果

年份	A	α	R^2	R^2_{Adj}	F值
信息传输、软件和信息技术服务业	1.814195 （0.002）	0.4410477 （0.000）	0.9748	0.9725	425.34 （0.0000）
金融业	6.220972 （0.000）	0.2597172 （0.000）	0.9317	0.9255	150.08 （0.0000）
房地产业	0.7990736 （0.002）	0.4973922 （0.000）	0.9964	0.9961	3040.56 （0.0000）
租赁和商务服务业	1.488324 （0.057）	0.4595815 （0.000）	0.9494	0.9448	206.39 （0.0000）
科学研究和技术服务业	4.629059 （0.000）	0.3243999 （0.000）	0.9818	0.9801	592.26 （0.0000）
水利、环境和公共设施管理业	7.39922 （0.000）	0.1888278 （0.000）	0.8624	0.8499	68.94 （0.0000）
居民服务、修理和其他服务业	0.4388627 （0.536）	0.4856217 （0.000）	0.9522	0.9478	218.91 （0.0000）
教育	10.7949 （0.000）	0.1120203 （0.000）	0.9298	0.9234	145.66 （0.0000）
卫生和社会工作	6.375402 （0.000）	0.2754652 （0.000）	0.9713	0.9687	371.85 （0.0000）
文化、体育和娱乐业	4.962562 （0.000）	0.2894236 （0.000）	0.9437	0.9385	184.22 （0.0000）
公共管理、社会保障和社会组织	10.55212 （0.000）	0.1151042 （0.000）	0.8283	0.8127	53.08 （0.0000）

除公共管理、社会保障和社会组织行业的回归模型的拟合度不合预

期之外,其他行业的回归模型的 $R^2>0.86$, F 统计量均通过 1% 和 5% 的显著性检验,结果具有实用性。

表 6-3 的结果表明,在 2005 年至 2017 年期间,就业弹性比较高的行业有居民服务行业、房地产行业以及租赁和商务服务业。相比于这些行业,教育行业、水利环境行业、金融业的就业弹性相对偏低。

根据公式(6-3)计算的 2005 年至 2017 年湖北省现代服务业不同年份的就业弹性系数如表 6-4 所示。从总体上看,所有年份的就业弹性均大于 0,不同年份的现代服务业的就业弹性呈现出上下波动的特征,其中 2007 年、2012 年、2015 年的就业弹性比较大,2014 年至 2016 年期间的就业弹性维持在 0.17 以上,表明其间湖北省现代服务业的产量增长对就业数量的增加引致的促进效应显著,其吸纳劳动力作用强烈。

表 6-4 2005—2017 年湖北省现代服务业就业弹性系数及结构偏离度

年份	就业弹性系数	就业结构偏离度
2005	0.02	3.36
2006	0.01	3.51
2007	0.31	3.36
2008	0.20	2.96
2009	0.11	3.03
2010	0.11	2.75
2011	0.07	2.53
2012	0.49	2.23
2013	0.14	2.53
2014	0.17	2.52
2015	0.21	2.50
2016	0.18	2.46
2017	0.08	2.64

依据公式(6-4)计算的 2005—2017 年湖北省现代服务业不同年份

的就业结构偏离度结果见表6-4。表6-4中，湖北省现代服务业仍存有继续吸纳劳动力空间，产业结构偏离度在2.23与3.51之间波动，表明湖北省现代服务业的产业结构与就业结构并不均衡，资源未得到最有效的配置，产业结构的经济效益尚未被全部挖掘，湖北省现代服务业仍能容纳更多劳动力资源。

五、研究结论和政策建议

湖北现代服务业发展的总体势头良好。现代服务业的发展对湖北经济增长和就业水平的提高都有较大的促进作用，但是湖北现代服务业也存在着总体规模小、人力资源分布结构不合理、知识密集程度低和服务类高素质人才储备不足等问题。这些问题阻碍了我省现代服务业的进一步发展，也可能对其他产业的调整优化产生负面作用。

鉴于此，针对湖北现代服务业发展现状，为了促进湖北省现代服务业的健康发展，我们给出如下可行的对策和措施：

（1）科学地制定产业开发政策，政策要兼顾产业之间的融合，从整体以点带面地引导湖北省现代服务业的发展。

迎合我国经济结构不断变动、升级的趋势，加强对于服务业市场的需求引导，扶持新兴的服务行业，力求推动现代服务业的不断健康发展。在产业结构转型升级的过程中，服务业在国民经济中占据的份额也将不断增加。尽管湖北省的第三产业占比开始超过第二产业，但对比先进国家的实践经历来看，第三产业中的现代服务业的比例仍较低，这就为我们的发展方向提供了一个思路，首先应继续推进第一、第二产业中有关行业在经过现代技术的升级改造后，独立出来转换成为具有中介性质的现代服务业。其次是继续促进传统的服务业向现代服务业转型，主动将现代的科学技术和管理经验与传统服务业相结合，促使其经营方式或是生产管理手段得以有效改良。最后，继续不断促使已有的现代服务业发挥其示范效应，创生消费者群体新的需求点，从而拉动相关产业发展，带动经济的增长以及就业的增加。为此需要有合理的产业指导政策相配合，引导市场转型方向与产业的升级趋势，为现代服务业快速发展创造更广阔适宜的环境与平台，从而扩大就业。

可以实现的具体举措有：大力推动现代服务业中科技信息技术行业的发展，将其最新的科技成果与工农业领域里的环节相结合，争取创新，提高效率。还可以鼓励传统服务业领域的管理人员主动学习现代化的知识技能和管理理念，并将实际的学习经验带回原先从事的传统服务业中去，力争在实际生产或是管理活动中依靠这些现代的技术和观念提升传统服务行业的效率和产品质量。

（2）主动提高现代服务业法人单位数量，渐次实现服务业领域内部的均衡发展。

为实现以现代服务业的发展带动就业数量增加这一目的，必须保障更多的现代服务业企业能够存续下来，所以要保证其法人单位数量，这就需要一套相适应的发展政策相扶持，如在财政上为其提供低息的贷款资金，在税收上给予现代服务业企业相应的优惠力度，或是在其他领域的扶持措施。同时针对具有强就业促进效应的行业，例如公共管理、社会保障和社会组织，信息传输、软件和信息技术业、卫生和社会工作、水利、环境和公共设施管理业等行业，应进一步加大投资力度，实现现代服务业产业结构平衡发展，凸显其就业吸纳的优势潜力，促进长期社会整体劳动就业数量与质量健康发展。

（3）依托湖北省丰富的高校资源，建立起完善的人才培养留存机制和长期的人才引进规划。

湖北省现代服务业存在人力资源分布结构不合理、知识密集程度低和服务类高素质人才储备不足等问题。另一方面，湖北省又是教育大省和教育强省，仅武汉一地就有 7 所"985 工程""211 工程"高校，每年都为社会输送了大量的优质毕业生。但由于经济发展水平、外商直接投资、民营经济发展水平、城镇化水平等种种因素的影响，我省对现代服务业人才的吸引力相对不足，大量大学生离开湖北，去往经济发达地区求职发展，湖北省难以留住人才，许多行业专业人才比较匮乏。

各大高校在制订学生的培养计划的时候可以因地制宜，广泛深入地展开校企合作,努力构建有效的系统化的人才培养计划。在进行专业设置时,也应该充分考虑市场情况,充分发挥政策导向和市场机制作用,围绕主导产业和产业集聚建设,采取多种方式,大力培养现代服务业急需的各类人才,为湖北省现代服务业的发展培养更多的专业人才。这样可以为湖北省现代服务业输送大量的新鲜血液,也可以在一定程度上解决大学生就业难的问题。

(4)制定各种人才配套政策,打消人才在现代服务业就业中的顾虑。

一项对湖北省高科技企业的调查显示,多数的企业往往缺乏长期的人才引进规划,只是在缺少人力的时候开展招聘工作。理由可能是因为湖北省高新企业规模过小,人才储备计划的收益不大,所以该项工作无法长期开展,人才一旦离开,只能用更多的成本去重新招聘,这便形成了巨大的损失。

由此可见,建立起完善的人才引进规划是当前的一个重要任务。这就启示相关政策制定人员需要采取多渠道引进境内外优秀人才,并给予一定的优惠措施。

在实践方面,2017年湖北省开始实施的"我选湖北"计划(该计划将在5年内留住180万大学生在湖北创业就业)是留住人才的一种有益的尝试。湖北省对全省的人社局长开办培训班,全面动员安排部署大学生实习实训工作,开展大学生实习实训的市校工作对接。各地企业和事业单位将积极建立大学生实习实训基地,为大学生提供实习实训岗位并发放不低于500元的补贴。这些都是促进人才扎根湖北的有益探索和尝试。

◎ 参考文献

[1] 蔡昉. 中国劳动力市场发育与就业变化 [J]. 经济研究, 2007 (7): 14-22.

[2] 段兴民, 张志宏, 等. 中国人力资本定价研究 [M]. 西安交通大

学出版社,2005.

[3] 冯子标. 人力资本运营论 [M]. 经济科学出版社, 2000.

[4] 高凌云, 毛日昇. 贸易开放、引致性就业调整与我国地方政府实际支出规模变动 [J]. 经济研究, 2010 (1).

[5] 国家发改委宏观经济研究院课题组. 产业结构调整对我国就业的影响研究 [J]. 经济学态, 2008 (6).

[6] 赖德胜, 李长安. 当前我国就业领域的主要矛盾及其对策 [J]. 经济学动态, 2010 (3).

[7] 刘渝琳, 熊婕, 李嘉明. 劳动力异质性、资本深化与就业——技能偏态下对"用工荒"与就业难的审视 [J]. 财经研究, 2014 (6).

[8] 罗冰. 工作搜寻视角下的劳动力供给研究 [D]. 北京交通大学学位论文, 2013.

[9] 熊婕. 资本深化、劳动力异质性对农村转移劳动力就业的影响 [D]. 重庆大学学位论文, 2011.

[10] 姚林如, 杨忠直. 关于教育程度的"就业挤出效应"研究 [J]. 系统管理学报, 2007 (2).

[11] 陈进. 北京现代服务业研究 [M]. 对外经济贸易大学出版社, 2009.

[12] 夏杰长. 高新技术与现代服务业融合发展研究 [M]. 经济管理出版社, 2008.

[13] 姜伟, 李庆杨. 现代服务业发展研究: 基于沈阳市现代服务业发展思路与对策分析 [M]. 沈阳出版社, 2008.

[14] 陈凯. 服务业结构升级与就业之间相关关系研究 [J]. 城市问题, 2008 (7).

[15] 郑吉昌. 生产性服务业与现代经济增长 [J]. 浙江树人大学学报, 2005 (1): 33-38.

[16] 姜霞. 湖北省现代服务业发展影响因素实证研究 [J]. 现代商贸工业, 2014 (10): 3-5.

［17］黄莉芳，杨向阳．中、美现代服务业内部结构演变趋势比较——来自投入产出表的经验证据［J］．世界经济研究，2015（3）：99-106．

［18］李卫芳．现代服务业发展政策与产业规制研究［J］．现代经济信息，2014（6）：390-391．

［19］张明丽，王亚萍，徐洋．"十二五"时期加快发展湖北省现代服务业的对策研究［J］．经济导刊，2012（2）：84-85．

［20］谢书英，朱启贵．现代服务业：上海经济增长的新动力［J］．上海管理科学，2007（5）．

［21］邱红．中国劳动力市场供求变化分析［D］．吉林大学学位论文，2011．

［22］刘邦凡．从供给侧改革看我国现代服务业发展与就业关系［J］．企业经济，2017，36（7）：5-10．

第七章　湖北省现代制造业就业因素影响研究

一、研究背景

改革开放以来，伴随着中国经济的快速增长，湖北省的现代制造业也得到了快速增长，取得了一系列的成就。现代社会生活方式离不开现代制造业提供的各种产品和服务。现代制造业是现代工业的核心，由此，它也构成了现代社会就业的主要渠道。党的十九大就把现代制造业在社会发展中的影响上升到了一个很高的高度：加快建设制造强国，加快发展先进制造业，推动互联网、大数据、人工智能和实体经济深度融合，在中高端消费、创新引领、绿色低碳、共享经济、现代供应链、人力资本服务等领域培育新增长点、形成新动能。现代制造业不仅是社会赖以生存发展的基础性产业，也是吸纳中国庞大劳动力大军的重要部门之一。因此，深入研究湖北省现代制造业就业的受影响因素，并探寻提升湖北省现代制造业就业率的政策措施具有重要的理论研究意义和实际应用价值。

关于现代制造业就业的受影响因素研究，当前学者主要考虑的因素包括：

（1）进出口贸易变量。学者们的结论是出口会促进现代制造业就业率的上升，而进口会导致现代制造业就业的下降。姚大庆（2008）利用在开放条件下的内生劳动供给模型中假定居民可以将一定比例的收入以资产的形式持有，以此来分析汇率变动对就业的影响。结果发现，汇率变动对均衡就业水平的影响是不确定的，它取决于商品消费的相对风险规避系数和其临界值的相对大小。由于我国的现实条件所限，当前中国居民的相对风险规避系数较大，因此汇率升值将不利于我国就业。也有学者不同意上述观点，例如，戴觅、徐建炜和施炳展首次利用企业数据研究汇率变动对中国制造业就业的影响。通过理论推导，构建了刻画企业层面外汇风险暴露程度的指标，然后利用2000—2006年制造业企业数据以及海关贸易数据评估人民币汇率变动对制造业就业的影响。研究发现人民币汇率变动会通过出口收益渠道和进口成本渠道影响就业水平，但不同企业由于进出口强度以及进出口地分布不同，汇率变动对其就业的影响存在巨大差异，结果造成平均的就业效应非常小。此外，劳动密集型企业、低生产率企业和私营企业受影响程度最为明显。与美国的情形不同，在中国汇率变动更多地通过改变企业聘用决策而不是解雇决策，影响就业量的变化。10%的有实际有效汇率升值将带来净就业量下降0.12%。在国外，Matusz（1998）等的一些研究也不同意进口不利于制造业就业，出口有利于制造业就业的观点，他们认为，制造业就业率的下降和国际贸易之间并没有多大的关系。

（2）技术进步或技术创新变量。一般来说，学者都认为技术进步或技术创新会促进制造业就业。Zuniga 和 Crespi（2013）通过对拉丁美洲国家制造业企业微观数据的实证分析，发现技术创新促进了企业就业增长。也有学者研究出不同的结果。例如方建国和尹丽波（2012）在技术-劳动力的替代关系假说成立的基础之上，通过技术分解法和产业分解法分析中国产业发展过程中技术创新对劳动力就业的影响，结果发现随着劳动效率的提升，产业内部的确存在技术毁灭就业的情况；但从长期和总量来看，技术创新对劳动力就业总量的影响并不显著，只有当大规模技术变革引起产业结构变动时，才会在短期内引起所谓的技术替代劳动力而带来失业现象。简而言之他们认为技术创新和就业之间的关系不能一概而论。

（3）劳动力价格（工资水平）变量。绝大多数的研究表明工资水平、资本投入会促进制造业就业水平的提高。例如，张亚斌等（2006）

通过1980—2004年面板数据的实证分析发现，工资水平的上涨对于中国制造业出口部门的就业有显著正向影响；中国制造业的产品需求弹性对工资就业效应虽然产生负向影响，但效果并不明显；其他要素的可替代性高有助于促进工资的就业效应；在中国制造业出口部门其他要素的供给弹性与工资的就业效应负相关；劳动力成本占总成本比例作为影响工资就业效应的主要因素，对其有显著的正向影响。但是，并不是所有的研究都同意上述结论，例如，刘刚和胡立（2012）筛选得出了1994—2003年和2004—2010年的制造业的面板数据，运用GMM估计方法，发现不管是从整体上看还是分类检验，制造业就业都与工资水平呈现负相关关系，造成了扭曲。

上述学者的研究以特定的数据为依托，对现代制造业就业的影响因素进行了研究，当然有合理的方面，但是这些研究普遍存在不被社会接受的问题，鉴于此，本研究采用了静态面板数据模型的方法，对湖北省的现代制造业进行研究，从而力图分析出一个中肯的结论，对湖北省的现在制造业就业的问题提供一些解决问题的线索。

二、研究设计与方法

（一）计量模型设定

参考其他学者的研究，本研究把现代服务业就业影响因素归结为三个方面：工资水平、出口依存度和技术创新能力。由此，计量模型设定为如下形式：

$\ln \text{Employment}_{it} = \alpha + \beta_1 \ln \text{Wage}_{it} + \beta_2 \ln \text{Export}_{it} + \beta_3 \ln \text{Innovation}_{it} + \varepsilon_{it}$

其中，Employment为被解释变量，表示现代制造业就业；Wage、Export、Innovation为解释变量，分别表示工资水平、出口依存度和技术创新能力；下标i和t分别表示地区和年份，其他字母分别表示常数项、变量的系数和残差。

数据范围为湖北省的市级地理单元，选取的是2013—2017年的湖北省统计数据。

(二) 变量说明

相关变量含义如下:

1. 现代制造业就业 (Employment)

现代制造业是指对制造资源(物料、能源、设备、工具、资金、技术、信息和人力等),按照市场要求,通过制造过程,转化为可供人们使用和利用的大型工具、工业品与生活消费产品的行业。在统计上,用"规模以上工业企业"的湖北省各市级地区制造业全部从业人员年平均人数衡量来表征。

2. 工资水平 (Wage)

凯恩斯在其《就业、利息与货币通论》一书中,提出在工资刚性条件下,价格水平的上升引起实际工资的下降可以解决非自愿失业问题,即降低工资会增加就业。因此,工资水平对就业会产生一定的影响。但是改革开放以来,随着中国经济的高速发展,人民生活水平不断提高,劳动力成本不断增加,制造业企业需要支付职工的工资水平也随之上升,逐渐上升的工资水平增加了人民群众参加制造业企业进行劳动工作的欲望,进而导致了制造业就业的上升。在统计上,用制造业企业本年应付工资薪酬来表征工资变量

3. 出口依存度 (Export)

随着湖北省对外开放程度的不断加大,制造业企业对出口贸易的依赖程度也就越来越大。加大出口,不仅有利于缓解现阶段湖北省内紧张的就业压力,而且有利于湖北省内具有比较优势的生产性制造业行业扩张,拓展国际市场,提高市场占有量,从而扩大劳动力需求,增加就业;此外,也有利于带动其他相关制造业产业的发展,提供更多的就业机会。和现有研究文献一致,在统计上用出口交货值占地区工业销售产值的比重来表征出口依存度。

4. 技术创新能力 (Innovation)

技术创新会带来生产过程中生产技术和生产工具的改进和完善,提

高制造业企业劳动生产效率,从而在一定程度上会相应地扩大制造业企业的生产规模,增加制造业企业的劳动力需求,进而提供更多新的就业岗位和就业机会。借鉴刘军等(2010)的做法,本研究用专利授权数来表征技术创新能力。

有关变量的描述性统计结果见表7-1。

表7-1　　　　　　相关变量指标的描述性统计结果

变量	样本量	均值	标准差	最小值	最大值
ln Empolyment	85	2.5382	1.3182	-2.3026	4.4736
ln Wage	85	4.0926	1.3893	-0.6931	6.7219
ln Export	85	-3.3691	1.0482	-6.8167	0
ln Innovation	85	6.5133	1.3917	2.7726	10.0400

(三) 研究方法选择

面板数据的估计方法包括固定效应(FE)模型、随机效应(RE)模型、普通最小二乘法(OLS)和聚合最小二乘回归(Pool OLS)等多种多样的形式。其中固定效应(FE)模型即是指实验结果只比较每一自变项之特定类目或类别间的差异及其与其他自变项之特定类目或类别间交互作用效果,而不想依此推论到同一自变项未包含在内的其他类目或类别的实验设计。固定效应回归是一种空间面板数据中随个体变化但不随时间变化的一类变量方法。而随机效应(RE)模型是经典的线性模型的一种推广,就是把原来(固定)的回归系数看作随机变量,一般都是假设来自正态分布。最小二乘法(又称最小平方法)是一种数学优化技术,它通过最小化误差的平方和寻找数据的最佳函数匹配。利用最小二乘法可以简便地求得未知的数据,并使得这些求得的数据与实际数据之间误差的平方和为最小。最小二乘法还可用于曲线拟合。其他一些优化问题也可通过最小化能量或最大化熵用最小二乘法来表达。

本次研究选择普通最小二乘法（OLS）作为静态面板数据回归分析，并且用固定效应（FE）和随机效应（RE）作为对结果的稳健性检验。

（四）现代制造业就业的受影响因素实证分析及其结论解读

为了探究湖北省整个现代制造业就业的受影响因素，本章具体的研究分为两部分：一是基于2013—2017年湖北省各市级静态面板数据做回归分析；二是对回归分析得的结果做稳健性分析。

1. 静态面板数据回归分析及结论解读

湖北省各个市级静态面板数据模型对各解释变量回归分析的结果见表7-2。

表7-2　　　　　　　　静态面板数据回归分析结果

自变量	方程1（OLS）
ln Wage	0.9394***
	(0.9663)
ln Export	-0.0868**
	(0.3280)
ln Innovation	-0.0149
	(0.0823)
常数项	-1.4960
	(0.2970)
R^2	0.9629
OBS	85

注：(1) 括号中数值为标准差；(2) ***、**分别表示变量通过了1%、5%的显著性检验；(3) OBS表示样本观察值的个数。

表 7-2 有如下结论：

（1）工资水平（Wage）对湖北省现代制造业就业的影响系数为正，且通过了1%的显著性检验，这表明现代制造业工资水平对现代制造业就业具有显著的正向作用，不过这与凯恩斯提出的"降低工资会增加就业"的观点相反，而与我们的预期一致。同时由系数0.9394可知，当制造业工资水平提高1%，制造业就业的人数就会上升0.9394%，明显高于其他解释变量对制造业就业的影响，这说明现代制造业工资水平是制约现代制造业就业的关键因素。

（2）出口依存度（Export）对湖北省现代制造业就业的影响系数是负的，并且通过了5%的显著性检验，这一结果表明现代制造业产品的出口对现代制造业就业具有一定程度的反向作用，换句话说，在一定意义上，出口的增加会阻碍湖北省现代制造业就业率的上升，这个结论与一般大家的理解之间可能存在矛盾。

（3）技术创新能力（Innovation）对湖北省现代制造业就业的影响系数是负的，而且没有通过显著性检验。对该变量对就业的影响目前无法证实和证伪。

2. 稳健性分析

用固定效应（FE）和随机效应（RE）对结果稳健性检验。稳健性分析结果见表7-3。

表 7-3　　　　　　　　稳健性检验分析结果

解释变量	方程2（FE）	方程3（RE）
ln Wage	0.1952*	0.5547***
	(0.1127)	(0.1817)
ln Export	-0.1868***	-0.0303***
	(0.0039)	(0.0063)
ln Innovation	-0.4324**	-0.0422**
	(0.0192)	(0.0174)

续表

解释变量	方程2（FE）	方程3（RE）
常数项	2.1126	0.5257
	(0.4865)	(0.8132)
R^2	0.9649	0.9752
OBS	85	85

注：(1) 括号中数值为标准差；(2) ***、**、*分别表示变量通过了1%、5%和10%的显著性检验；(3) OBS表示样本观察值的个数。

由于湖北省内每个城市的情况不同，可能存在着不随着时间的改变而改变的遗漏变量，故考虑使用固定效应模型（FE）和随机效应模型（RE）两个模型对上文实证结果来做稳健性检验。如表7-3所示，通过比较三个方程的估计结果，可以发现解释变量系数的符号完全一致，显著性稍有区别。因此，本章认为普通最小二乘法（OLS）得到的结果是稳健的。

三、结论与政策建议

（一）研究结论

本章利用2013年到2017年中国湖北省各个市级面板数据，通过采用普通最小二乘法（OLS）得到静态面板数据模型，研究了湖北省现代制造业就业的影响因素，有如下结论：

第一，工资水平（Wage）正向影响现代制造业就业，对现代制造业就业有一定促进作用。

第二，出口依存度（Export）表现为一定的负向效应，一定程度上阻碍了现代制造业就业人员的增加。

第三，技术创新能力（Innovation）没有通过显著性，技术进步对现代制造业就业甚至是负方向的影响。

本次研究选择了工资水平、出口依存度和技术创新能力三个因素进行研究分析，事实上影响现代制造业就业的因素还有其他很多方面，例如资本投入、人力资本水平、城镇化水平和进口等，未来将在进一步的研究中进行考察。

(二）政策建议和对策

基于上述研究得到的结过果，本章提出如下政策建议：

（1）经济激励。政府部门和制造业企业应该在能力范围提高现代制造业行业的工资水平，吸引更多的人员就业，就业是民生之本，更是社会长治久安的重要基础，只有提高就业率才能使得整个湖北省的经济水平不断向前发展。加快城镇化建设，这样就能够使大量滞留在农村的富余劳动力转移到城市中来，充分发挥湖北省劳动力丰富的优势，从而带动农村劳动人民就业，增加整个行业的就业，提升制造业的整体就业水平。

（2）鼓励产业集群式发展，提高制造业聚集程度。湖北省各市级地区应鼓励制造业集群式发展。一方面，通过与技术相关产业聚集，有利于制造业企业分享更多的知识和技术，相互合作、协同创新，提高技术改革的效率，从而促进制造业企业技术创新，增加制造业就业；另一方面，通过产业集群式发展，可以使得制造业上下游产业聚集在一起，节约产业转移成本，提高资源的配置效率，推动制造业企业进一步发展，从而带来现代制造业企业规模的扩张，进而增加劳动力需求，提供更多的就业机会。

（3）强化技术创新。正如党的十九大报告提出的"创新是引领发展的第一动力，是建设现代化经济体系的战略支撑"，我们应开放包容，积极吸纳世界科技发展的先进成果，在此基础之上，开拓制造业发展的新领域，实现制造业的广度和深度发展，从而扩充现代制造业就业的容量。推动技术进步、发展技术创新是中国当前刻不容缓的任务。湖北省的制造业行业需要实现由低成本优势向创新优势的转变，提高生产力，提升经济效益，促进现代制造业产业结构优化升级。要大力发展湖北省各现代制造业企业内部的技术创新积极性，鼓励现代制造业企业自主研发技术，设立技术研发与创新创造的部门研究，增加现代制造业行业的就业机会，吸引更多的高端技术人才。政府要在资金筹集、人才流动等各个方面，为现代先进制造业的发展提供政策供给。

(4) 把先进制造业的发展融入湖北省的区域经济发展战略布局中，使之成为区域经济发展的重要内容。作为区域经济发展的重要计划之一，湖北省在中国长江经济带发展的重要地理构成范围内。长江经济带是党中央实现中部崛起的重要战略规划。要实现中国经济由高速增长向高质量转变，长江经济带的建设必须进入质量提升阶段。要做到这些，必须：①在思想上重视。湖北省现代制造业行业要从战略和全局的高度，充分认识加快湖北长江经济带新一轮开放开发的重大意义，将其作为全面贯彻省委省政府"两圈一带"战略的重要工作，切实抓紧、抓好，认真组织实施。现代制造业就业作为整个社会就业十分重要的一环，应该发挥积极带头作用。以习近平新时代中国特色社会主义思想为指导，将五大发展新理念根植于长江经济带发展全过程，是实现长江经济带高质量发展的必然选择。②各个部门之间统筹协调。各个职能部门之间必须结合各自的功能特点，各区域资源禀赋、环境承载能力和发展潜力，统筹城镇规模设置与空间布局，引导人口合理聚集，形成新型的制造业产业结构链，让流域百姓共享发展成果，使沿江的现代制造业发展更快、经济实力更强、质量效率更优。③政策扶持。在政策上为现代制造业企业吸纳人才参与到本企业中，提供奖励、财政补助、住房、户籍等各种政策激励，吸引现代制造业的就业参与，从而增加现代制造业的就业容量。

◎ 参考文献

[1] 李廉水，周彩红，刘军. 中国制造业发展研究报告 2013 [M]. 科学出版社，2013.

[2] 姚大庆. 汇率变动对就业的影响——基于内生劳动供给模型的研

究［J］.世界经济研究，2008（3）：33-36.

[3] 范言慧，宋旺.实际汇率对就业的影响：对中国制造业总体的经验分析［J］.世界经济，2005（4）：3-12.

[4] 毛日昇.出口、外商直接投资与中国制造业就业［J］.经济研究，2009，44（11）：105-117.

[5] 卿石松.人民币升值影响就业的机制、效应与政策含义［J］.经济评论，2009（2）：5-10.

[6] 明娟，邢孝兵，张建武.国际贸易对制造业行业就业的影响效应研究——基于动态面板数据模型的实证分析［J］.财贸研究，2010，21（6）：62-69.

[7] 尹嘉咻，马野驰.人民币实际汇率变动对我国制造业就业的影响研究［J］.价格理论与实践，2013（2）：87-88.

[8] 戴觅，徐建炜.人民币汇率冲击与制造业就业——来自企业数据的经验证据［J］.管理世界，2013（11）：14-27.

[9] Matusz S J. Calibrating the employment effects of trade［J］. Review of International Economics, 1998, 6 (4): 592-603.

[10] 赵利，宿伟健.人民币升值对我国制造业的就业影响［J］.财经科学，2012（7）：10-17.

[11] 喻美辞，喻春娇.对发展中国家的贸易与美国制造业的就业变动［J］.世界经济研究，2009（12）：58-64.

[12] Zuniga P, Crespi G. Innovation strategies and employment in Latin American firms［J］. Structural Change and Economic Dynamics, 2013, 24: 1-17.

[13] 黄解宇.创新的就业效应分析——基于中国上市公司微观数据的实证研究［J］.中国软科学，2013（11）：161-169.

[14] 方建国，尹丽波.技术创新对就业的影响：创造还是毁灭工作岗位——以福建省为例［J］.中国人口科学，2012（6）：34-43.

[15] 王孝成，于津平.中国制造业行业就业影响因素研究［J］.经济评论，2010（3）：30-39.

[16] 张亚斌. 工资变动影响中国制造业出口部门就业的机理分析 [J]. 中国人口科学, 2006 (5): 14-22.

[17] 冯泰文. 技术进步对制造业就业弹性调节效应的实证分析 [J]. 公共管理学报, 2008 (4): 19-25.

[18] 刘刚, 胡立. 汇率、工资和经济增长对我国就业的影响 [J]. 产业经济研究, 2012 (3): 69-78.

[19] 凯恩斯. 就业、利息与货币通论 [M]. 商务印书馆, 1983.

[20] 刘军, 李廉水, 王忠. 产业聚集对区域创新能力的影响及其行业差异 [J]. 科研管理, 2010, 31 (6): 191-198.

第八章 湖北省经济增长中的劳动力结构因素研究

一、研究背景

在古典经济学中,学者们认为经济增长主要是由劳动和资本要素投入引发的,而在新古典经济学中,学者们认为经济增长除了劳动和资本的因素影响之外,其他各种诸如制度、文化、企业家才能等因素都构成了经济增长的重要条件。中国改革开放以来,湖北省经济增长迅速,国内生产总值从1978年的151.00亿元增加到2016年的32297.91亿元。这种经济增长当然有古典经济学和新古典经济学中要素投入的贡献,本研究认为,湖北省经济的快速增长在一定程度上受惠于人口年龄结构变动所带来的人口红利因素。改革开放40多年来,大量人口流动是湖北省经济增长和社会发展的一个重要影响变量。人口流动进而引发的人口结构变化在这个过程中的贡献是功不可没的。

鉴于此,如果以人口结构作为核心变量,通过这个变量来考察湖北省的经济增长,将是一个非常有意义的尝试。它可以让我们从一个较新的研究视角考察湖北省的经济增长,从而为实现湖北省经济的可持续发展提供更有针对性的建议。

基于以上考虑,本章立足于湖北省人口年龄结构,分析人口结构对湖北省经济增长的影响,进而探讨出科学合理的对策措施,为湖北省的经济增长服务。

本章研究目的有两个:

第一,拓展该主题的研究视角。学者对于人口与经济增长的研究有两种倾向,一种是只关心劳动力数量投入的倾向,分析劳动力数量要素投入对经济增长的影响。另外一种是只关心劳动力年龄结构对于总体经济的影响。这两类对于经济增长的研究尽管取得了很多有效的研究成果,但都是从总体出发的,没有对劳动年龄人口进行细致的划分。本研究从劳动年龄结构的视角对经济增长进行重新考察,以期形成对该问题更为深入的理解。

第二,针对经济增长政策制定部门,通过本研究的分析结论,提出有针对性的政策建议。湖北省的劳动力年龄结构和中国的劳动力年龄结构整体上保持一致,即湖北省的劳动力年龄结构也出现了老龄化的趋势,导致湖北省人口红利减少。因此,需要对劳动力年龄结构对经济增长的影响进行深入研究,从而制定出科学可行的政策措施。

围绕上述研究目标,本研究的意义就在于:

第一,从人口年龄结构的角度来全面考察湖北省的经济增长问题,在理论上是一个相对新的视角,也是一个有价值的视角。本章首先通过横向和纵向比较分析湖北省人口年龄结构,全面地了解和把握了湖北省人口年龄结构的变动情况。其次,通过构建相关理论分析框架,揭示了人口年龄结构对湖北省经济增长的影响机制。最后,我们分解出人口年龄结构对湖北省经济增长的贡献度,有助于了解不同年龄阶段人口年龄结构对经济增长的影响程度。

第二,在实践上,客观地认识湖北省人口年龄结构在经济增长中的重要性,有助于制定更加合理的人口政策,为正确处理人口和经济的关系提供引导,为最大限度地发挥人口对社会经济发展的积极作用提供支持。

二、国内有关研究的梳理

(一) 国内相关研究的现状

关于劳动年龄结构与经济增长关系的研究较早就受到了国内学者们

的关注。当前国内关于劳动力年龄和经济增长的研究成果主要集中在以下几个方面：

第一，中国总体人口年龄结构和经济增长的关系研究。例如，Cai和Wang在2005年的一项研究中发现，在1982—2000年，中国的人均GDP增长率中26.8%的贡献来自于人口红利。Wei和Hao（2010）运用收敛模型检验了中国人口年龄结构对经济增长的影响，他们的研究结果显示，由于生育率下降而导致的年轻抚养比的大幅下降推动了中国1989—2004年的经济增长。蔡昉（2009）认为中国存在"第二次人口红利"，人力资本将成为经济增长的源泉。Wang和Mason（2006）使用分解人口红利的方法，利用中国1960—2000年的数据进行了人口年龄结构的"结构效应"和"行为效应"分析，发现"结构相应"对中国人均GDP增长的贡献为8.3%。在1982—2000年，这一"结构效应"提高到了15%。人口年龄结构的"行为效应"的贡献率则为11.8%。丰裕劳动力作用于经济增长通过三种方式完成，即劳动力分工、劳动力质量、劳动参与率。

第二，人口年龄结构对经济变量的影响研究。经济变量包括投资、储蓄、经常性项目、全要素生产率等。国内学者对人口年龄结构对经济增长的相关经济变量的影响进行了实证分析，特别是人口红利对这些经济变量的影响。其中比较典型的是胡鞍钢等人在2012年的一项研究，该研究认为人口老龄化将会通过降低储蓄率这一渠道影响人均GDP增长率。钟水映和李魁（2009）则采用二步系统GMM的方法估计中国省际抚养比对储蓄率的变化。李威（2014）同样采取动态面板GMM的方法估计了人口年龄结构对中国固定资产投资的影响，研究结果表明，少儿抚养比抑制了中国的固定资产投资，而老年抚养比则促进了中国的固定资产投资。马丹和施伶俐（2014）则通过考察人口年龄结构对经常性项目的影响，发现老年抚养比的增加会对经常性项目产生负向的影响，而该影响是通过储蓄和投资两种渠道起作用的。人口年龄结构对全要素生产率的影响一方面体现在要素的使用效率上，例如人力资本（程惠芳和陆嘉俊，2014）、劳动技能结构（程虹、王楚和余凡，

2016)、劳动效率（王芳和李健，2015）和劳动力迁移（孙巍和刘智超，2018）对全要素生产率的影响上。另一方面还体现在要素的积累上。

第三，中国人口年龄结构与经济增长状态的国际比较研究。例如，赵文哲（2013）利用 VAR 模型对跨国面板数据进行分析，指出少年抚养比对经济处于不同发展程度的不同国家或地区的储蓄率影响不同，并对国际和国内的人口年龄结构的状态进行了国际比较研究。刘文和别安姊（2016）则比较了中日韩三国的人口年龄结构与储蓄率，指出老年抚养比对日本储蓄率影响最大，中国第二，韩国最小。

第四，中国劳动力年龄结构中人口红利状态的评估研究。学术界对于中国处于红利窗口这一看法是一致的，但在具体的起止时间点上有所差别。例如，陈友华（2005）、于学军（2003）等认为中国的人口红利始于 20 世纪 80 年代，持续到 21 世纪 30 年代，持续时长约 40 年。而蔡昉（2004、2010）、都阳（2010）等认为中国的人口红利期从 1982 年开始，但 2013—2015 年是中国人口红利的转折点。肖祎平则认为 2015—2020 年中国人口红利窗口将会关闭。这些研究对中国人口红利的窗口期进行了一系列实证分析。尽管最终的研究结论存在一定的差异，但是基本的共识是，中国数量型的人口红利优势正在消失，但是随着中国经济产业结构的调整和升级，中国劳动力的素质正在不断提高，人力资本的存量开始提高，中国的质量红利正在开始形成。对于人力资本提高引发的人力资本存量状态变化，在学术上存在许多的概念，有些称之为"质量红利"，有些称之为"二次红利""人才红利"等。

(二) 研究评价

从以上关于人口年龄结构对经济增长影响的研究来看，学者们站在各自的研究视角，采取不同的研究方法，得出的结论和政策建议具有一定科学性和合理性。同时也存在如下特点与不足：

（1）目前国内外文献研究主要集中在人口红利、储蓄率等视角，对人口年龄结构的划分不够细致，人口年龄结构仅以 14 岁以及法定退休年龄作为临界点进行划分，低于14岁的人口认为是少儿阶段，14~65岁或14~60岁的人口被认为是工作人口，60岁或65岁及以上的人口被认为是老龄人口，而实际上劳动者的工作年龄这一阶段跨度非常大，初入职场劳动力、成熟劳动力以及接近退休劳动力的人力资本、经验积累乃至劳动生产率等各方面都不尽一致。他们对经济的贡献程度也不一致，而这一方面在文献中少有提及。

（2）部分研究成果并没有非常严格地区分国外劳动力年龄结构的形成和国内劳动力年龄结构的形成的差异性，往往简单地把国外的研究结论运用于国内。国外人口年龄结构差异的形成，基本是人口自然规律的结果，而国内人口年龄结构的形成是中国过去30多年来长期实行计划生育政策的结果，这导致国内在非常短的时期内实现了人口年龄结构的转变，从高出生率、高死亡率变成了低出生率、低死亡率的状态。这种状态反映在人口年龄结构上，中国人口红利的时间比自然状态下的人口红利的时间短。中国在很短的时间内，就开始进入人口老龄化的状态。这种现实使得简单地将国外研究结论运用于国内存在许多弊端。对于中国劳动年龄结构对经济增长的影响，只能立足于国内。

（3）国内劳动力年龄结构对经济增长的影响研究目前还是偏重于从总体和宏观的角度，从全中国的角度来分析两者的关系，而分专题对特定省份或者特定构成的研究有待补充与深入。作为一个接近14亿人口的大国，中国地区经济发展不平衡。因此，从地区的角度对经济发展进行分析是有必要的。对整体有效的手段，未必在子结构上同样成立。因此对于地区结构进行分析，有益于形成对整体研究的补充，克服整体研究的不足。

基于这种思路，本研究分析人口年龄结构对湖北省经济增长的影响，可以克服上述研究中的不足。当前针对湖北省经济增长的研究主要从外商直接投资等角度出发，往往忽略人口结构这一变量的影响。近年来，虽然也有部分学者从人口角度对湖北省经济增长加以阐释，但主要是从流动人口或者人口抚养比的角度进行分析，对人口年龄结构的划分还不够细致。本章主要从劳动力年龄结构的角度来考察湖北省的经济增长问题，具有一定的创新性以及实践价值。

三、人口年龄结构影响经济增长的机制分析

（一）变量的概念界定

经济增长利用 GDP 来衡量。考虑到人口因素或是物价上涨等因素，衡量经济增长还可以使用人均国内生产总值。在一个国家或地区中以当年价格计算的国内生产总值很大部分是由于通货膨胀引起的，因此必须消除通货膨胀的影响才能求得经济实际增长率。一国或地区的经济增长水平是由该国或地区的生产能力或者潜力所决定的。其中，生产能力的决定性因素包括物质资本、劳动（或称人力资本）、技术进步等。

人口年龄结构是指一个国家或地区中各个年龄组人口数量在总人口数量中所占的比重。人口年龄结构中，有一种分类是利用人口系数来完成的。人口系数包括劳动年龄人口比重、老年人口比例和少儿人口比例。其中，劳动年龄人口比重则大致反映出劳动力人口占总人口的比重，即劳动年龄人口比重＝15~64 岁人口/总人口。

（二）人口年龄结构对经济增长的影响分析

人口年龄结构的转变可能会影响人均产出。

首先，劳动年龄（15~64 岁）人口总量的变化影响人均产出（Kelly 和 Schmidt, 2005）。

其次，由于人力资本、劳动效率、劳动参与率、储蓄和消费等具有年龄特征，人口年龄结构也会通过不同年龄段劳动者的经济行为影响人均产出（Bloom et al., 2003）。

最后，人口年龄结构通过与产业有特定关联的人力资本投入而对经济中的产业生产的效率产生影响，从而影响人均产出（Han 和 Suen, 2011）。

本研究认为，人口年龄结构可以通过直接以及间接两种路径对经济

增长产生影响。就从直接影响而言,劳动年龄结构本身反映的是劳动力数量的变化,而在古典和新古典经济学中,劳动力数量要素的投入必然会影响经济增长的过程。从另外一个角度来看,劳动力年龄结构的变化会引发劳动力参与率的变化、人力资本的变化、储蓄率的变化和全要素生产率的变化,而这些中间变量的变化最终会引发经济增长的变化。这种通过中间变量的影响,我们可以称之为间接影响。劳动力年龄结构对经济增长的作用机制可以通过图8-1来表达。

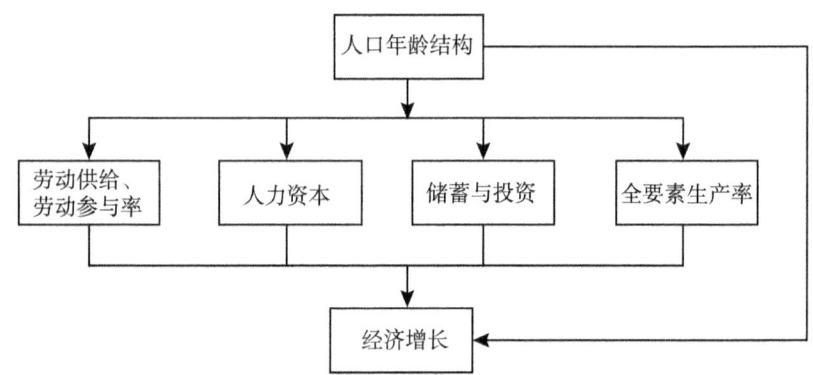

图8-1 人口年龄结构对经济增长影响的路径图

(三) 人口年龄结构对劳动供给以及劳动参与率的影响

劳动供给理论认为,人均劳动时间是由劳动年龄人口、劳动力市场参与率以及人均工作时长构成的(Bloom et al., 1998)。人口年龄结构的变化必然带来劳动力供给总量的变化,劳动力供给带来劳动力参与率的变化。一般而言,高生育率年份出生的儿童进入劳动期后会带来劳动供给的大幅增加。

从微观上讲,人口经济学中的生命周期理论认为一个人刚参与工作的时候由于缺乏工作经验等原因,生产力相对较低,随着时间的推移以及工作经验的丰富,他的生产力会逐渐提升,劳动参与意愿也会提高。在劳动力过了中年进入老年阶段,由于体力、脑力退化等原因,个体的劳动参与意愿会相对降低。

劳动力负担是劳动力参与率的重要约束条件。少儿负担重会使得劳动力参与家庭内部劳动而无法参与社会工作，进而影响劳动力的市场参与率。

从宏观上讲，人口年龄结构对劳动参与率的影响表现在劳动参与率时间序列变化与各个阶段人口年龄结构劳动参与率的变化相同。具体而言，一个国家或者地区的人口年龄结构中老龄人口占比较高，在其他条件相同的情况下，该国或地区的劳动参与率相对较低，造成这个现象的原因在于，一方面老年人口参与工作的积极性不高，同时受制于退休政策的限制，参与工作的可能性低；另一方面，由于身体等方面原因，老年人口接受新知识的速度较慢，在市场化竞争的条件下，劳动力市场对老年人口的需求相对下降。

（四）人口年龄结构对人力资本的影响

人力资本理论认为，不同阶段的劳动力受教育程度以及工作经验不同，其人力资本也不同，进而导致劳动生产效率的差异。一般而言，劳动力在进入劳动力市场初期，人力资本积累较低，劳动生产率也相对较低。随着时间的推移，在工作中积累人脉以及经验，其人力资本相对而言将快速上升至顶峰，然后下降，呈现"峰形"分布的特点（Faquree et al.，2003）。

健康也是影响人力资本的重要变量。有学者认为不同年龄段劳动力的健康状况不同，随着生活水平和社会医疗水平提高，人均预期寿命增加，劳动者的整体健康状况会出现提升。健康水平影响经济增长的途径可以从以下几个方面展开：健康人口在总人口中比例的增加，社会对疾病或残疾等的救济就可以相应减少，更多的资源将投放到经济建设中。另外，健康劳动者在工作过程中，工作效率更高，人力资本折旧更慢。

综上所述，人口年龄结构对经济增长的影响见图8-2。

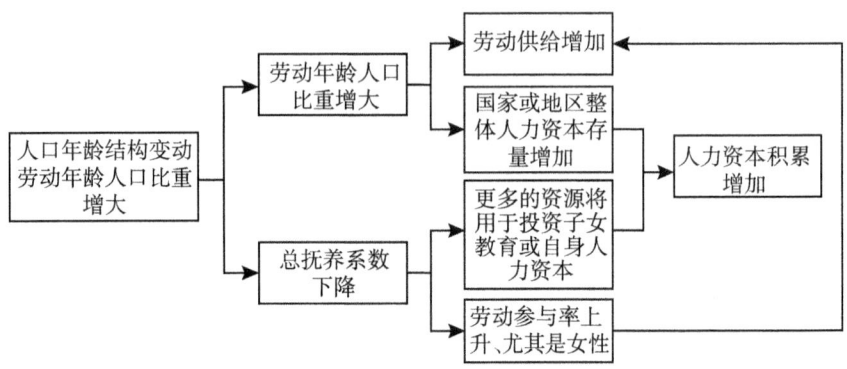

图 8-2 供给角度的影响路径

（五）人口年龄结构对居民储蓄投资的影响

生命周期模型（LCM）假定个体一生的工作时间和预期寿命是确定的，个体追求效用最大化，会根据自己一生的收入来合理安排各项支出。随着个人年龄的增加，个人收入会先上升后下降，终生消费等于终生收入。在年轻和老年时期，消费占据了收入的大部分以及全部，中年时期收入较高，理性经济人预期老年时期无收入，因此他们会在有收入的年龄阶段进行储蓄，以保证无劳动能力的老年时期仍能维持稳定的消费水平（见图8-3）。在该系统下，劳动年龄人口数量的上升有利于社会储蓄的增加，而老年人口的数量上升，则相反。

科尔等人在1958年提出的劳动年龄人口抚养负担假说在该领域同样影响深远。他们认为，高生育率下，出生人口增加，少儿抚养比上升，家庭内部不得不加大基本消费开支，减少储蓄。居民储蓄率下降，影响物质资本的投资。而随着生育率下降，出生人口减少，劳动年龄人口比重加大，家庭基本生活开支减少，家庭收入中大部分用于储蓄，社会储蓄增加。最后，随着社会的发展进步，生育率进一步下降导致未来劳动年龄人口不足，同时人均预期寿命提高，此前大量的劳动年龄人口步入老年，社会最终面临老龄化问题，演变为巨大的老年负担，再次削

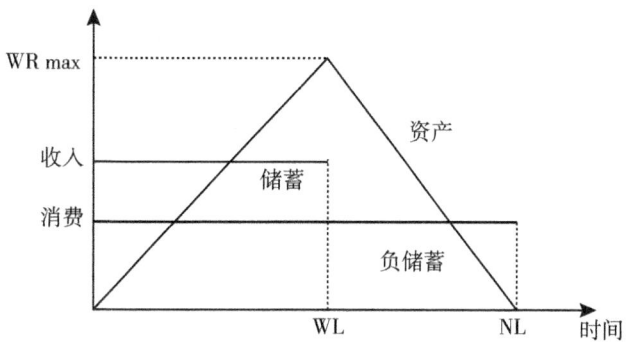

图 8-3 生命周期模型中个体收入、消费及储蓄

弱社会储蓄率,并进一步减缓经济增长。

从需求角度而言,人口年龄结构变动与投资和储蓄的关系如图 8-4 所示。

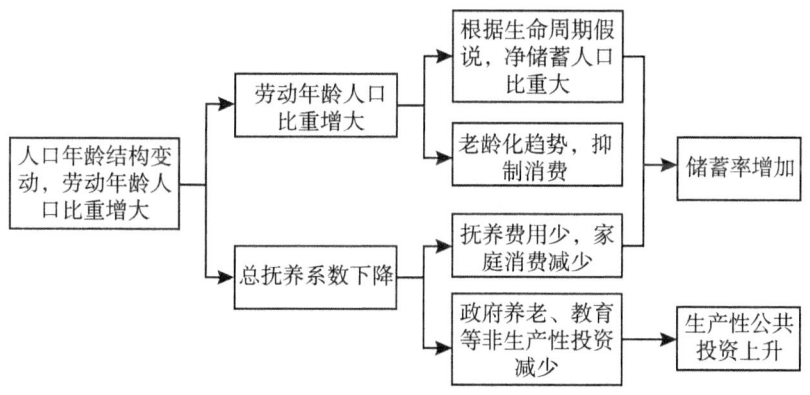

图 8-4 需求角度的影响路径

(六)人口年龄结构对全要素生产率的影响

人口年龄结构对全要素生产率的影响如下:

首先,不同年龄阶段劳动力的人力资本存量不同,劳动年龄阶段

的人口相对于其他年龄阶段的人口而言，其人力资本更丰富，年轻劳动力仍在接受教育，处于人力资本输入阶段；接近退休的劳动力虽然其经验丰富，人脉广阔，但学习能力等相对下降。青壮年劳动力人力资本存量高，外溢效果明显，高层次的人力资本外溢对索洛残值的贡献比较大。

其次，从历史经验上看来，各个经济体的科技人员创新大多集中在年轻阶段，因为在这一阶段劳动力精力充沛，体力和智力都达到最佳水平，有着更高的模仿学习能力和创新能力，因此劳动年龄人口的增多有助于科技创新、技术突破。历史经验表明，先进的技术能有效促进经济的增长，而掌握先进技术的高技能劳动力是推动经济发展不可或缺的重要组成部分。

再次，劳动力流入可以促进全要素生产率的提高，而人口红利消失导致劳动力流出地区呈现出劳动供给减少，同时也抑制了劳动技术效率的提高。

最后，人口年龄结构对全要素生产率的影响也体现在影响要素的积累上。由于不同年龄阶段的人口储蓄行为有差异，如果一个国家或地区中人口抚养比过高，那么该国或地区的总储蓄率会相对较低，进一步影响该地区的物质资本的积累，也就意味着有更少的研发资金和研发投入。反之，较少的研发投入和支出也就意味着较低的全要素生产率增长。

人口年龄结构变动对全要素增长率的影响框架见图 8-5。

四、湖北省人口年龄结构演变及经济增长变化

（一）湖北省人口年龄结构演变

1. 湖北省人口年龄结构的变动

湖北省人口变动情况数据见表 8-1、表 8-2，具有如下特点：

第八章 湖北省经济增长中的劳动力结构因素研究

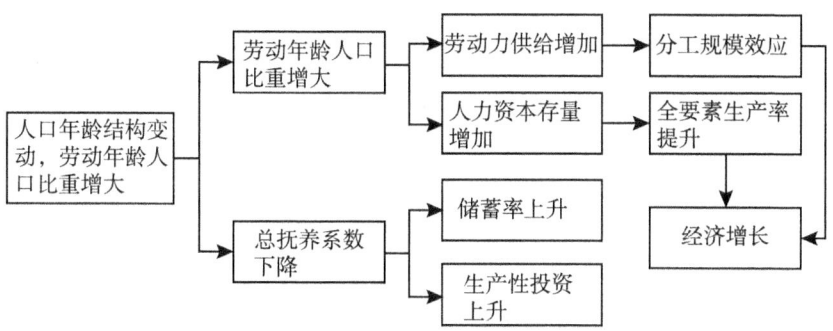

图 8-5 人口年龄结构对经济增长的影响路径

表 8-1 　　　　湖北省人口年龄构成及系数变化

人口指标	2000 年（%）	2010 年（%）	增减变化幅度
0~14 岁少儿人口比重	22.8	13.9	-8.9
15~64 岁劳动力人口比重	70.8	77	6.2
65 岁以上老年人口比重	6.4	9.1	2.7
0~14 岁少儿负担比	32.2	18.1	-14.1
65 岁以上老年负担比	9.1	11.8	2.7
总抚养比	41.3	29.9	-11.4
老少比	28.1	65.4	37.8

资料来源：湖北省第六次人口普查数据。

表 8-2 　　湖北省、全国"六普"各年龄阶段人口占比（%）

人口指标	湖北省	全国
0~14 岁少儿人口比重	13.9	16.6
15~64 岁劳动力人口比重	77.0	74.6
65 岁以上老年人口比重	9.1	8.9

资料来源：湖北省第五次人口普查数据和第六次人口普查数据。

（1）随着湖北省人口出生率、自然增长率下降（2010 年分别为

9.48‰、3.48‰），育龄妇女总和生育率低于更替水平，人口再生产类型由"高出生、低死亡、高增长"转变为"低出生、低死亡、低增长"，人口老龄化趋势显现并呈现加速的趋势。第五次普查时湖北省总人口为5949.81万人，其中0~14岁的人口为1360.74万人，占22.87%；15~64岁的人口为4213.94万人，占87.92%；65岁及以上的人口为375.13万人，占6.31%。全国第六次人口普查数据显示，按2010年11月1日零时统计，湖北省常住人口有57237740人，全省常住人口中，同第五次湖北省人口普查相比，十年来湖北省人口增长处于低生育水平阶段。0~14岁的人口有7963532人，占总人口的13.9%，下降了8.96个百分点；15~64岁的人口为44070111人，占总人口的77%，上升了6.2个百分点；65岁以上人口有5204106人，占总人口的9.1%，上升了2.7个百分点。

（2）总体人口抚养比明显减轻，2010年湖北省总抚养比仅为29.9%，比2000年下降了11.4%，即每一百位15~64岁成年人需要负担的少儿和老年人口数目从2000年的41.3个人下降至2010年的29.9个人，抚养负担明显减轻，这主要是少儿抚养比的下降导致的。2010年湖北省的老年抚养比与全国的11.9%几乎同步，少儿抚养比以及总抚养比均低于全国平均水平。

（3）湖北省"六普"各年龄阶段人口占比与全国平均水平有差异，差异最大的为0~14岁人口占比，该年龄段的人口占比湖北省比全国平均水平低27%；而65岁及以上人口占比湖北省与全国平均水平相差不大。与第五次人口普查数据相比，湖北省"六普"各年龄段人口占比均有所变化，其中，0~14岁人口比重下降8.9%，15~64岁人口比重上升了6.2%，65岁及其以上人口比重上升了2.7%，变化幅度最大的仍然是0~14岁年龄段的人口。

湖北人口年龄结构呈现出"少儿人口低于全国平均水平"，且具有下降态势，说明湖北省劳动年龄人口的增长趋势在减弱，老龄化的趋势在增强。

2. 湖北省人口年龄结构的城乡比较

湖北人口老龄化的程度在城镇与农村之间差异较大。我们将湖北省2000年与2010年市、镇、乡的老年人口情况进行了比较分析。发现较2000年，2010年的人口老龄化进一步加剧，农村的老龄化程度大于城镇。全省详细状况见表8-3。

表8-3　　　　　　湖北省人口年龄构成城乡对比

指标	2000年			2010年		
	总人口（万人）	老年人口（万人）	老年人口系数（%）	总人口（万人）	老年人口（万人）	老年人口系数（%）
市	1658.67	146.84	8.85	1792.81	189.38	10.56
镇	749.82	59.52	7.94	1051.69	130.11	12.37
乡村	3542.4	358.61	10.12	2879.26	453.35	15.74

3. 湖北省劳动力供给、劳动参与率及人口受教育情况

（1）湖北省劳动力供给数量。

2000年至2014年，湖北省劳动力供给数量一直平稳增长，但2014年后出现劳动力供给下降，就业人数从2000年的3384.9万人增长至2014年的3687.5万人后，小幅下降至2016年的3633万人。从全国来看，湖北省就业人员在全国中占比稳定在4.7%左右。

（2）湖北省的劳动参与率。

劳动参与率为社会中经济活动人口占劳动年龄人口的比重，具体计算方式为：经济活动人口数与15~64岁年龄段人口数之比。

由于2000年湖北省的统计数据中缺乏经济活动人口数这一指标，因此本章在计算2000年湖北省的劳动参与率时采用就业人口与不在业人口中的"正在寻找工作"人口之和比在业及不在业人口之和，其余年份则根据计算公式计算得出。全省的分年龄劳动力数据见表8-4。基于这个数据进行可视化得到的图见图8-7。

总的来看，湖北省分年龄结构的劳动力参与率呈现"中间高，两

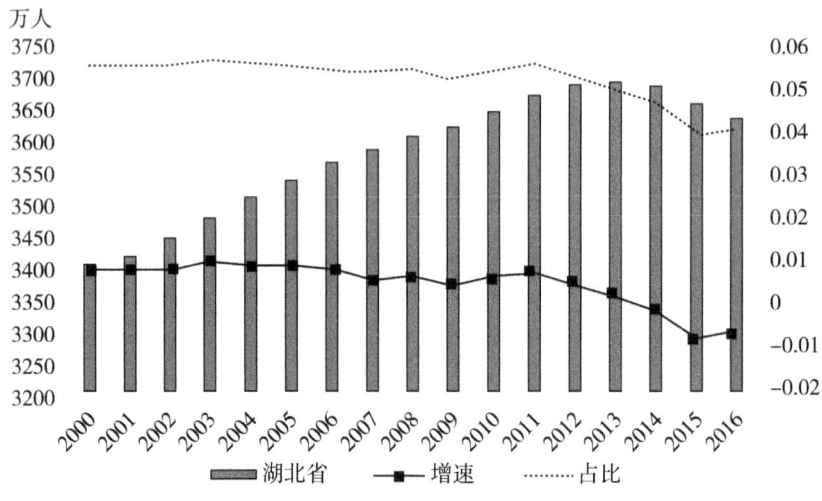

图 8-6　1978—2016 年湖北省就业人员情况

资料来源：2000—2017 年《湖北统计年鉴》。

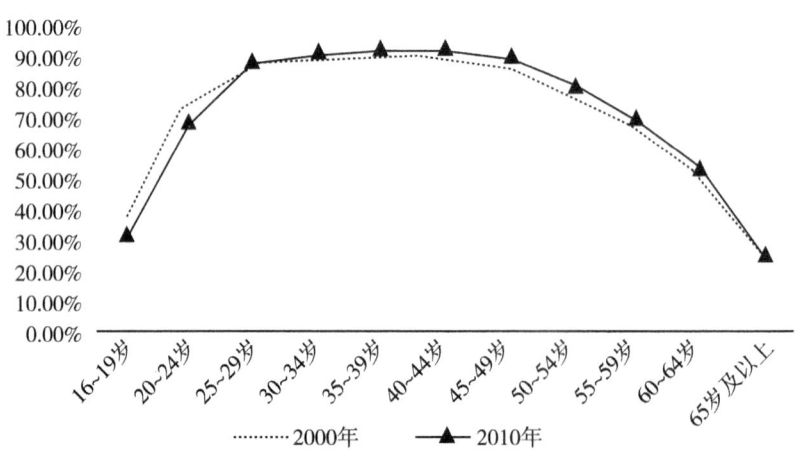

图 8-7　湖北省部分年份分年龄组总体劳动参与率

端低"的分布，劳动参与年龄随着教育年限的增加而延迟，年龄模式越来越接近顶部较为宽的倒"U"拖尾形。15~19 岁人口大多处于高中教育阶段，劳动参与率比较低。20~24 岁是参与工作的时间，劳动参与率迅速上升。25~49岁一直保持在83%~95%的高位。50~64岁组别劳动参与率下降。

表8-4 湖北省部分年份劳动参与率及人口年龄结构

年龄（岁）	2000年	2010年
15~19	37.02%	31.06%
20~24	74.60%	68.08%
25~29	87.91%	87.69%
30~34	90.49%	89.80%
35~39	90.81%	91.51%
40~44	89.49%	92.13%
45~49	86.15%	89.64%
50~54	77.05%	79.73%
55~59	67.52%	69.98%
60~64	51.02%	53.14%
65+	25.57%	25.69%

资料来源：湖北省"五普"至"六普"人口普查统计资料。

从图8-7中可以看出：

第一，湖北省分年龄劳动参与率的基本变化。

第二，没有2个年份劳动参与率的变动情况基本一致，16~24岁组别的劳动参与率明显下降，16~19岁组别的降幅最大，从2000年的37.02%下降至31.06%，下降了5.96%。20~24岁组从2000年的74.60%下降至2010年的68.07%。25~49岁的劳动参与率维持在86%~90%的高位水平并随着时间的推移略微上升，其中以45~49岁组的人口表现较为明显，但这种上升幅度随着劳动者年龄的增加逐渐减少。高年龄组的劳动参与率无明显变化，维持在25%。

（3）湖北省分年龄阶段人口受教育情况。

老龄化所带来的人口结构上的变动不仅仅表现为劳动力数量的变

化,也表现为劳动力质量上的变化,老龄化可能会冲击人力资本储备。

本章根据湖北省 2010 年第六次人口普查数据计算了湖北省各年龄阶段人口的平均受教育年限,见表 8-5。从表 8-5 中可以看出,20~34 岁的年轻人受教育程度较高,年轻人口平均受教育年限高于老年人口,如果单纯以人均受教育年限来衡量人力资本的话,湖北省的人力资本储备与人口年龄呈反向关系。老龄化将会影响人力资本的储备。

表 8-5　　　　湖北省 2010 年分年龄阶段人口受教育情况

年龄组	接受高等教育的占比（%）	平均受教育年限（年）
20~24 岁	31.26%	11.51
25~29 岁	19.16%	10.67
30~34 岁	16.45%	10.46
35~39 岁	11.61%	9.85
40~44 岁	8.39%	9.37
45~49 岁	7.31%	9.43
50 岁及以上	4.58%	8.11

资料来源:湖北省第六次人口普查统计资料。

(二) 湖北省经济增长变化

湖北省位于中国的中部地区,九省通衢,是全国的重要交通枢纽,占地面积 19 万平方公里,境内主要是平原,水资源丰富。首先,湖北省得天独厚的地理环境,造就了湖北省具有发展农业的优势,境内许多农产品产量名列全国前茅。其次,湖北省的工业发展也取得了骄人的成绩,湖北的钢铁产业、汽车产业在全国具有代表性,最后,新兴产业也正在蓬勃发展,比如电子信息产业、生物医药产业等。湖北省的产业结构正在不断优化升级。湖北省在经济发展过程中,产业结构出现了显著的调整和变化。

表 8-6 是湖北省三次产业的状态。根据该表,湖北省的产业结构走

上了产业结构调整与合理化的轨道。湖北省的产业变化有两个阶段，即2000—2011年以及2011—2016年两个阶段。

表8-6　　2000—2016年湖北省三次产业生产总值及构成

年份	第一产业 产值（亿元）	比重	第二产业 产值（亿元）	比重	第三产业 产值（亿元）	比重	人均国内生产总值（元）
2000	662.30	18.68%	1437.38	40.54%	1445.71	40.78%	6293.41
2001	692.17	17.84%	1574.39	40.57%	1613.97	41.59%	6866.99
2002	707.00	16.78%	1709.89	40.59%	1795.93	42.63%	7436.58
2003	798.35	16.78%	1956.02	41.11%	2003.08	42.10%	8378.01
2004	1020.09	18.11%	2320.60	41.19%	2292.55	40.70%	9897.64
2005	1082.13	16.42%	2852.12	43.28%	2655.94	40.30%	11554.00
2006	1140.41	14.97%	3365.08	44.18%	3111.98	40.85%	13360.00
2007	1378.00	14.76%	4143.06	44.39%	3812.34	40.85%	16386.00
2008	1780.00	15.71%	5082.07	44.86%	4466.85	39.43%	19858.00
2009	1795.90	13.86%	6038.08	46.59%	5127.12	39.56%	22677.00
2010	2147.00	13.45%	7767.24	48.64%	6053.37	37.91%	27906.00
2011	2569.30	13.09%	9815.94	50.00%	7247.02	36.91%	34197.27
2012	2848.77	12.80%	11193.10	50.31%	8208.58	36.89%	38572.33
2013	3030.27	12.22%	11786.64	47.54%	9974.92	40.23%	42825.76
2014	3176.89	11.60%	12852.40	46.94%	11349.93	41.45%	47144.60
2015	3309.84	11.20%	13503.56	45.70%	12736.79	43.10%	50653.85
2016	3659.33	11.33%	14375.13	44.51%	14263.45	44.16%	55038.40

（1）2011—2016年与2000—2011年相比，三大产业生产总值比重的变化为：第一产业逐步下降、第二产业稳步上升、第三产业变动略有下降，但三大产业增加值总量均是稳步上升，并且"二、三、一"的产业结构态势基本形成。

(2) 2011—2016 年，第一产业仍旧逐步下降，第二产业从上升转为下降，第三产业逐渐上升，经历了先下降后上升的过程。这主要是由于湖北省近年来在大力促进第三产业的发展，传统服务业的竞争优势不断显现，比如旅游业、新兴服务业、商贸、金融、物流等也正在逐渐兴起。近年来，随着国家经济激励政策逐步由东南沿海向中部地区转移，湖北省抓住机遇，在"建设长江经济带""中部地区崛起重要战略支点""两型社会""一带一路"等的激励带动下，经济社会稳步发展。

五、人口年龄结构对湖北省经济增长影响的实证分析

本章在索洛模型的基础之上，构建了人口年龄结构对经济增长影响的理论模型，并在该模型下对湖北省的经济增长受人口年龄结构的影响进行实证分析。

1. 对索洛模型的拓展

在索洛模型中，索洛认为投入资本和劳动就会得到产出，即：$Y=AF(K,L)$。

本章在索洛模型中引入劳动年龄人口比重这一变量，对模型进行一定的扩展，方程如下：

$$Y=(AK)^{\alpha}[P(1-old-chi)N]^{\beta} \tag{8-1}$$

其中，Y、A、K、P、$(1-old-chi)$、N 分别表示经济总产出、技术进步、资本存量、劳动力参与率、劳动年龄人口比重及总人口数。值得注意的是，本章假定该总人口数 N 不考虑人口的迁移情况。old、chi 分别代表老年人口（假定 65 岁是退休年龄）比重和少儿人口比重。此外，α、β 为生产函数的参数，$0<\alpha<1$、$0<\beta<1$，且 $\alpha+\beta=1$。由（8-1）式可得：

劳均有效资本存量 $\quad K=\dfrac{AK}{P(1-old-chi)} \tag{8-2}$

人均产出 $\quad Y=\dfrac{Y}{N}=k^{\alpha}P(1-old-chi) \tag{8-3}$

由（8-2）式、（8-3）式可知，老年人口比重、少儿人口比重减少了当地从业人员总量，在有效资本存量不变的情况下，这有利于提高劳均资本 k。此外，劳动年龄人口比重与人均产出水平 y 呈正比，说明劳动年龄人口的增加会提高当地的人均产出水平。

2. 实证模型的确定和数据来源

（1）模型的确定。

结合以上理论分析及理论模型，本章提出人口年龄结构影响经济增长的实证模型：

$$y_t = \phi + \varphi S_t + \gamma X_t + \varepsilon_t \tag{8-4}$$

其中，下标 t 表示年份，y_t 代表实际产出增长率，用实际 GDP 表示，消除通货膨胀的影响。S_t 是表征人口年龄结构的一系列指标，X_t 是控制变量，ε_t 是随机扰动项。

为了避免估计人口年龄结构对经济增长的影响模型中的多重共线性问题，本章选取了几个重要且关键的人口年龄结构指标，如劳动年龄人口结构以及老年抚养比。

由于有一部分老年人退休后选择承担一部分家务活动，如此也间接地对经济增长产生影响，大部分老年人在工作退休后也仍然愿意参与到工作中且也有能力参与一部分工作。因此本章在（8-4）式中加入老年人口占比 O_t 这一指标，从而考察被抚养人口对经济增长的影响：

$$y_t = \phi + \varphi_1 L_t + \varphi_1 O_t + \gamma X_t + \varepsilon_t \tag{8-5}$$

（2）数据来源。

本章以湖北省为研究对象，相关经济数据来源于 2006—2016 年中国国家统计局公布的《中国统计年鉴》，以及 1987—2017 年《湖北统计年鉴》等。人口数据来源于中国第四次、第五次、第六次人口普查以及《中国统计年鉴》。

3. 变量说明

（1）劳动参与率的测算。

劳动参与率指的是 15 岁及以上的具有劳动能力并有劳动意愿的劳

动力占15岁及以上人口的之比。劳动参与率的计算是以人口普查和人口抽样调查年份中的人口就业数据统计为基础的,如:各县市15岁以上各行业人口的数目、三次产业人口占行业人口比重、各职业大类人口以及未工作人口等数据。通过这些数据可以计算得出分年龄性别的劳动参与率数据。

在计算劳动参与率时,经济活动人口以国家统计局统计口径为基础,即把15岁以上人口定义为劳动力人口。经济活动人口包括就业人口和失业人口,非经济活动人口包括学生、家务劳动人口、退休不再就业人口等。

(2) 人力资本的计算。

本章主要参考彭国华(2005)计算人力资本的做法,即受教育年限*受教育回报率为人力资本。其中,受教育回报率参数的选择参考Psaeharopoulos等2004年一项针对中国教育回报率的研究结论。该结论指出,在中国,小学、中学和高等教育阶段的教育回报率分别为0.18、0.134及0.151。

(3) 全要素生产率的测算。

全要素生产率本章根据索洛余值法通过(8-1)式计算得出。

(4) 物质资本存量的测算。

考虑到数据的可利用性、稳定性以及可得性,本章在计算物质资本存量时,把基准年定为1995年。以1995年为不变价格,利用永续盘存法按不变价格计算各县区物质资本存量。

物质资本存量$_i$=物质资本存量$_{i-1}$*(1-折旧率)+完成的投资$_i$

其中,固定资产折旧率选择10%(Young et al., 2003;王桂新,2009;陈昌兵,2014)。

$$\text{基年末固定资本存量} = \frac{\text{基年全社会固定资本投资完成额}}{\text{固定资产折旧} + \text{基年内一段时期的产出增长率}}$$

其中实际人均地区生产总值以1952年为基期,消除通货膨胀影响。

本部分变量及其描述统计状态见表8-7。

表 8-7　　　　　　　　　变量描述性统计

变量	含义	样本	均值	标准差	最小值	最大值
实际GDP增长率	按1952年不变价格计算	17	11.24	2.279	8.1	14.8
劳动年龄人口比重（%）	15~64岁人口/总人口	17	73.32	2.270	68.11	77
老年人口比例（%）	65岁及以上人口/总人口	17	12.09	2.810	6.31	15.87
物质资本存量对数	参见张军（2004）计算方法	17	10.20	0.9627	8.9	11.70
人力资本水平	受教育年限*教育回报率	17	1.51	0.0975	1.31	1.59
劳动参与率	经济活动人口/15岁及以上人口	17	58.82	0.8791	57.0	59.8

在进行实证分析之前，本章绘制了实际人均 GDP 对数对几个关键人口年龄结构变量的散点图，从图 8-8、图 8-9 可以看出，实际 GDP 增长率与劳动年龄人口有着强烈的正相关关系，而与 65 岁及以上老年人口比例的关系尚不明朗，需要通过实证模型进行深入剖析。

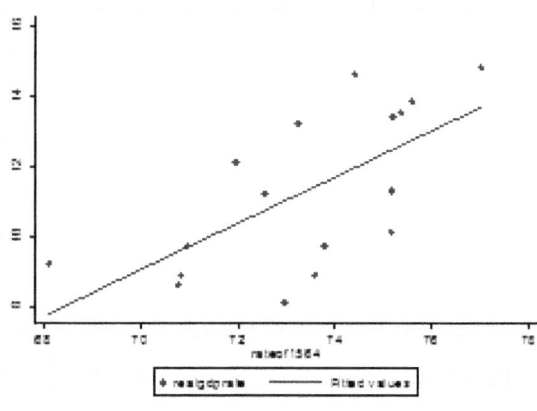

图 8-8　实际 GDP 增长率与劳动力比重散点图

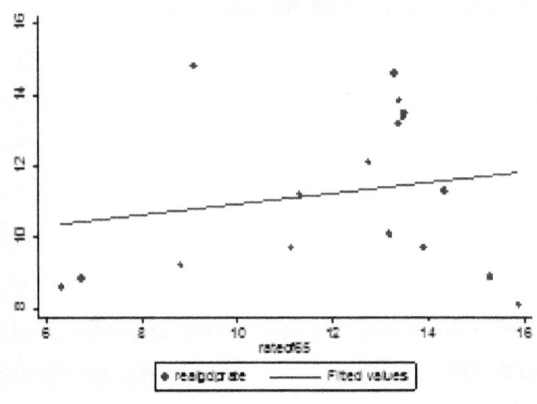

图 8-9　实际 GDP 增长率与老龄人口比重散点图

4. 实证分析

本章采用固定效应模型面板数据估计人口年龄结构对湖北省经济增长的影响。

表 8-8 是固定效应模型的计量检验结果。

表 8-8　　　　　　　　　　实证结果

	(1)	(2)	(3)
	realgdprate	realgdprate	realgdprate
劳动年龄人口比重 L_{it}	0.662***	0.766***	0.907**
	(3.40)	(3.36)	(2.95)
老年人口比重		-0.165	-0.00582
		(-0.90)	(-0.02)
劳动参与率			-0.825
			(-0.58)
常数项	-37.31**	-42.95**	-6.690
	(-2.61)	(-2.74)	(-0.10)
样本	17	17	17

注：*、**、***分别表示 10%、5% 和 1% 的显著性水平。括号内为 t 值。

第（1）列模型是没有引入控制变量时，劳动年龄人口比重对实际产出增长率的影响，显著为正。

第（2）列模型是没有引入控制变量时，劳动年龄人口比重及老年人口比重对实际产出增长率的影响，结果表明，劳动年龄人口比重对经济增长有显著的正向影响，符合预期。老年人口比重对实际产出增长率有负的影响，但不显著。

第（3）列模型是加入劳动参与率指标后的回归结果，劳动年龄人口比重系数有所变化，但仍然在1%的显著性水平下显著。老年人口比重仍旧不显著。

根据表8-10，有如下结论：

第一，无论何种情况之下，劳动年龄人口的比重状态都对经济增长有正面影响。

第二，考虑控制变量，以及劳动参与率和老年人口比重两个变量之后，劳动参与率和老年人口比重在整个模型中，都不显著。这说明经济增长的核心还是劳动年龄人口。

六、结论与政策建议

（一）研究结论

通过实证分析，本研究其主要结论如下：

第一，湖北省自改革开放以来经济增长加快，年轻的人口年龄结构为湖北省的经济增长提供了充足的劳动力。但近年来，湖北省的人口年龄结构逐渐老化。

第二，劳动年龄人口比重变动及劳动年龄人口内部构成变动对湖北省的经济增长都产生影响，但影响的程度有差异。此外，老年人口比重对经济增长也有促进作用。

第三，人口年龄结构变化主要通过劳动参与率、人力资本影响经济增长。具体而言，人口年龄结构变化提高了要素的使用效率，提升了人力资本水平，从而促进经济增长。

(二) 政策建议

针对以上的结论，本章提出以下的建议：

第一，适应中国计划生育政策开始调整的方向，积极响应国家的二胎政策，通过人口数量的增加，缓解人口老龄化的状态，同时为经济可持续增长提供劳动储备动力。从研究中可以看出，劳动年龄人口确实对经济增长起到积极推动的作用。因此，湖北省在国家人口政策开始调整的背景之下，需要积极引导和实施二胎政策，并且在医疗、小孩入托、生育休养等方面提供配套政策，解除居民的生育忧虑。

第二，充分挖掘老龄劳动力的资源。实证结果显示接近退休劳动力人口以及65岁及以上人口对经济增长有着促进作用，因此可以开展老龄人口的人力资本开发行动，给予参与劳动的老龄人一定的福利和优惠待遇，通过鼓励、支持低龄退休劳动力积极参与兼职等低强度的劳动，避免过早退出就业市场，扩大劳动年龄人口的涵盖范围。同时也要充分发挥老年人参与经济社会活动的主观能动性，积极开发老年人力资源，努力做到"老有所为"，让老龄人口也可以充分体现自身的价值。

第三，加强人力资本投资。从本章的研究结论看来，人口年龄结构影响湖北省经济增长的主要途径是全要素生产率以及人力资本，一方面需要加大对教育的投入，包括基础教育和职业技能教育等，另一方面要增强对劳动者技能的培训，提升工作技能，提高劳动者素质。当前湖北省许多行业出现了"用工荒"的问题，一方面可能是由于劳动力供给减少，另一方面可能是由于劳动者技能未能及时更新及升级，进而导致技能劳动力缺失。在这个方面，在进行职业技术培训上其实不能完全让市场来进行，政府可以在消除信息不对称、提供合格的培训教师资源、提供培训场地、提供财政补贴等各个与培训有关的环节上起主导作用。

◎ 参考文献

[1] 蔡昉. "第二次人口红利"可支撑中国经济长期发展 [N]. 中国财经报, 2009-02-03 (004).

[2] 蔡昉. 人口转变、人口红利与经济增长可持续性——兼论充分就业如何促进经济增长 [J]. 人口研究, 2004 (2): 2-9.

[3] 蔡昉. 人口转变、人口红利与刘易斯转折点 [J]. 经济研究, 2010 (4): 4-13.

[4] 陈昌兵. 可变折旧率估计及资本存量测算 [J]. 经济研究, 2014, 49 (12): 72-85.

[5] 陈高, 王朝才. 中国地方财政支出与经济增长关系研究——基于1990—2012年省际数据的线性混合模型分析 [J]. 财政研究, 2014 (8): 42-45.

[6] 陈友华. 人口红利与人口负债: 数量界定、经验观察与理论思考 [J]. 人口研究, 2005 (6): 23-29.

[7] 程虹, 王楚, 余凡. 劳动技能结构与企业全要素生产率——基于中国企业—员工匹配调查数据的实证研究 [J]. 中南民族大学学报 (人文社会科学版), 2016, 36 (5): 137-144.

[8] 程惠芳, 陆嘉俊. 知识资本对工业企业全要素生产率影响的实证分析 [J]. 经济研究, 2014, 49 (5): 174-187.

[9] 邓利方, 余甫功. 湖北全要素生产率的测算与分析: 1980—2004——基于面板数据的 Malmquist DEA [J]. 湖北社会科学, 2006 (5): 39-44.

[10] 都阳. 人口转变、劳动力市场转折与经济发展 [J]. 国际经济评论, 2010 (6): 136-148+6.

[11] 胡鞍钢, 刘生龙, 马振国. 人口老龄化、人口增长与经济增长——来自中国省际面板数据的实证证据 [J]. 人口研究, 2012, 36 (3): 14-26.

[12] 李威. 高投资背后的人口结构因素——基于省际动态面板数据模型的研究 [J]. 人口与经济, 2014 (1): 47-54.

[13] 刘文, 别安姊. 中、日、韩三国人口老龄化对储蓄率的影响研究 [J]. 劳动经济评论, 2016, 9 (2): 47-69.

[14] 马丹, 施伶俐. 人口年龄结构、人口产业结构与经常项目——基于中国省际面板数据的实证研究 [J]. 浙江金融, 2014 (4): 17-22.

[15] 马尔萨斯. 人口原理 [M]. 商务印书馆, 1959.

[16] 孟令国. 二次人口红利视角下年龄结构变化对经济增长的影响 [J]. 湖北社会科学, 2013 (3): 36-44.

[17] 彭国华. 中国地区收入差距、全要素生产率及其收敛分析 [J]. 经济研究, 2005 (9): 19-29.

[18] 孙巍, 刘智超. 劳动力迁徙与工业全要素生产率省际分化 [J]. 云南财经大学学报, 2018, 34 (2): 3-12.

[19] 王芳, 李健. 基于劳动效率的中国全要素生产率的再测量 [J]. 现代财经 (天津财经大学学报), 2015, 35 (12): 74-87.

[20] 王桂新, 陈冠春. 上海市物质资本存量估算: 1978—2007 [J]. 上海经济研究, 2009 (8): 65-76.

[21] 于学军. 中国人口转变与"战略机遇期" [J]. 中国人口科学, 2003 (1): 11-16.

[22] 张军, 吴桂英. 中国省级物质资本存量估算: 1952—2000 [J]. 经济研究, 2004 (10): 35-44.

[23] 赵文哲, 董丽霞. 人口结构、储蓄与经济增长——基于跨国面板向量自回归方法的研究 [J]. 国际金融研究, 2013 (9): 29-42.

[24] 钟水映, 李魁. 人口年龄结构转变对经常项目差额的影响机制与实证分析 [J]. 世界经济研究, 2009 (9): 34-39+88.

[25] 朱利安·L. 西蒙. 人口增长经济学 [M]. 北京大学出版社, 1984.

[26] Andersson B. Scandinavian Evidence on Growth and Age Structure

[J]. Regional Studies, 2001, 35 (5): 377-390.

[27] Bailey J. More power to the pill: the impact of contraceptive freedom on women's life cycle labor supply [J]. The Quarterly Journal of Economics, 2006, 121 (1): 289-320.

[28] Barro J. Economic growth in a cross section of countries [J]. The Quarterly Journal of Economics, 1991, 106 (2): 407-443.

[29] Barro, Robert J., Sala-i-Martin, Xavier. Economic Growth, seconded. MI Press, Cambridge, MA, 2004.

[30] Becker G. Human Capital, NY [J]. GBecker, 1964.

[31] Bloom E, Sachs D, Collier P, et al. Geography, Demography, and Economic Growth in Africa [J]. Brookings Papers on Economic Activity, 1998: 207-295.

[32] Bloom D, Canning D, Sevilla J. The Demographic Dividend: New Perspective on the Economic Consequences of Population Change [M]. Rand Corporation, 2003.

[33] Faruqee H, Mühleisen M. Population aging in Japan: demographic shock and fiscal sustainability [J]. Japan and the World Economy, 2003, 15 (2): 185-210.

[34] Gómez R, De Cos. H. The importance of being mature: the effect of demographic maturation on global per capita GDP [J]. Journal of Population Economics, 2008, 3 (21): 589-608.

[35] Han J, Suen W. Age structure of the workforce in growing and declining industries: evidence from Hong Kong [J]. Journal of Population Economics, 2011, 24 (1): 167-189.